10 PERSPECTIVES ON LEARNING IN EDUCATION

给教师的关于学习的10条建议

[美] 吉米·卡萨斯（Jimmy Casas）托德·威特克尔（Todd Whitaker）
杰弗里·佐尔（Jeffrey Zoul）编著

中国青年出版社
CHINA YOUTH PRESS

图书在版编目（CIP）数据

给教师的关于学习的10条建议/（美）吉米·卡萨斯，（美）托德·威特克尔，（美）杰弗里·佐尔编著；张庆彬译. —北京：中国青年出版社，2023.2
书名原文：10 Perspectives on Learning in Education
ISBN 978-7-5153-6789-7
Ⅰ. ①给… Ⅱ. ①吉… ②托… ③杰… ④张… Ⅲ. ①师资培养–研究 Ⅳ. ①G451.2
中国版本图书馆 CIP 数据核字（2022）第229858号

10 Perspectives on Learning in Education 1st edition/ by Jimmy Casas, Todd Whitaker, Jeffrey Zoul
ISBN: 9780367335083

给教师的关于学习的10条建议

编 著 者：[美] 吉米·卡萨斯　托德·威特克尔　杰弗里·佐尔
译　　者：张庆彬
责任编辑：肖妩嫔
文字编辑：侯雯洁
美术编辑：佟雪莹
出　　版：中国青年出版社
发　　行：北京中青文文化传媒有限公司
电　　话：010-65511272 / 65516873
公司网址：www.cyb.com.cn
购书网址：zqwts.tmall.com
印　　刷：大厂回族自治县益利印刷有限公司
版　　次：2023年2月第1版
印　　次：2023年2月第1次印刷
开　　本：787 × 1092　1 / 16
字　　数：170千字
印　　张：11
京权图字：01-2020-5307
书　　号：ISBN 978-7-5153-6789-7
定　　价：49.90元

CONTENTS

目　录

特此说明

本书提供的所有网络地址与资源在本书出版时均是可访问并有效的。如果出现网址与资源变更或网站暂停访问的问题，本书作者与出版社为由此给读者带来的不便深感歉意，但不为上述出现的任何变化负有责任。

前　言

创作背景

2015年，杰弗里·佐尔、吉米·卡萨斯和托德·威特克尔决定组织一种新型的专业学习研讨会，以培训从课堂教师到教学主管，以及介于两者之间的任何角色的教育工作者。他们最终创建了“联结教育”，该组织致力于激励各地的教育工作者进行创新实验并保持紧密联系，以使他们成为卓越的专业教育工作者。首届“优秀教师的不同之处”（WGEDD）大会于2015年秋季在芝加哥地区举行。杰弗里、吉米和托德接触了许多他们认识的优秀教育家，并邀请他们在这两天的活动中分享了他们的教育经验。这次开幕大会非常成功，因此他们接连举办了几场。从那时起，他们又在8个不同的州以及加拿大举办了二十几次。

每次会议都是由世界上一些最受认可和尊敬的教育工作者主持的，其中包括课堂教师、校长、主管、图书馆员、指导教练、作者、技术专家和其他教育领袖。“优秀教师的不同之处”大会着重于当今学校的教育工作者关注的焦点主题，并强调在会议期间和会议之后相互联系，以不断推进学习过程。大会的每个演讲者都在努力确保，通过参会来助力自己专业学习的人员，在走出会场时，不但对教育和自己的职业角色满腔热忱，也会掌握改善工作的实际策略。参会者与教育工作者交流，这些教育工作者会分享自己的热情、关注、兴趣、挑战、目标和承诺所在。在整个会议期间乃至活动结束后，参会者都将感受到演讲者无与伦比的专业精神和平易近人的态度。

“优秀教师的不同之处”大会代表了活动组织者的价值观及承诺，这体现在邀请卓有远见的演讲者，为演讲者和参会人员提供联系的机会，以及介绍实用的策略工具，以及持续推进重要对话。

为什么要记录“优秀教师的不同之处”

自2015年第一届“优秀教师的不同之处”大会开幕至今，参会者好评如潮。每次会议结束时，我们与每个参会者握手，他们的第一反应就是：“这是我参加过的最好的会议。”在成功举办十多场大会之后，撰写一套系列丛书的构想诞生了，这一系列图书由“优秀教师的不同之处”的演讲者执笔，内容基于大会主题。我们希望这一系列图书能体现出“优秀教师的不同之处”系列活动的精髓。

自成立以来，已有包括托德·威特克尔、杰弗里·佐尔和吉米·卡萨斯等60多名受人尊敬的教育家在至少一场“优秀教师的不同之处”活动中发表了讲话。

我们目前的想法是，每年记录至少10位教育家或作家的思想，而他们也都在“优秀教师的不同之处”的活动中发言过（截至本书出版，我们已经出版两册）。作者们每年至少给教育工作者们提出10条建议，聚焦于一个主题，帮助教育工作者继续学习，不断提升其专业水平。

“优秀教师的不同之处”其他主题的回顾：

我们在2019年开始了以教育创新为主题的系列活动，并在此基础上出版了《给教师的关于创新的10条建议》，在本书中，10位优秀的教育工作者分享了自己对教育创新的见解：

1. 托马斯·C. 穆里提出我们要用心设计改造，为学生提供创新型学习空间；

2. 香农·麦克林托克·米勒提出要将图书馆转变为创新和协作的学习场所，让图书馆真正成为“学校心脏”；

3. 托德·威特克尔提出构建积极校园文化的必要性；

4. 拉沃娜·罗斯提出我们要成为启迪者，点燃学生的光芒（S. H. I. N. E），认可学生的优势和技能，为学生提供更好的服务；

5. 杰弗里·佐尔提出为教育工作者设计和提供创新性的专业学习机会，提供了两种思考框架；

6. 吉米·卡萨斯提出了学校创新招聘员工的12个措施；

7. 卡特里娜·基恩分享了一系列创新变革的理论，提出对其他人接受新思想要保持耐心；

8. 德怀特·卡特提出了培养我们“个人”技能的重要性，建议教育工作者应该感恩、联系、热情、真实和善学；

9. 斯塔尔·萨克斯坦提出我们要倾听学生心声，提高学生的评估自主权，贡献了两种师生共创标准的方案；

10. 柯克·汉弗莱斯提出要建设“翻转课堂”，取消“一天一课”，让学生真正拥有学习的自主权。

本书导读：未来的教育要聚焦学习

优秀的教育家从不停止增进对学生的了解，从不停止对教学艺术的精进。在本书中，10位富有启发性的教育界思想引领者齐聚一堂，为你带来他们的绝佳建议，帮助你提升学生在课堂上的学习效果，以及你作为教育工作者的专业学习。

在本书中，你将获得关于以下重要主题的全新见解：

1. 作为领导者影响他人并产生更大的影响；
2. “摒弃”不再为学生服务的传统做法，从而构建学习型组织；
3. 态度谦逊，愿意为他人学习，愿意向他人学习；
4. 调控情商，提高人际交往能力；
5. 平衡技术在生活中的作用，更有意识地接触技术；
6. 将重点从基于标准打分转向基于标准学习；
7. 打造以学生为中心、高灵活度的学习环境；
8. 关注不二法则，让最难搞定的孩子也获得成功；
9. 采用跨课程、设计思维的方法；
10. 与同事和学生开展真正的合作。

本书分享的实用策略和动人故事将激励你改变学生们的生活。

托德 · 威特克尔提出了第1条：他分析了领导力的影响，以及无论是在指引学生、教职工还是家长时，作为领导者的我们如何才能学会发挥更大的影响。托德指出，领导力就是影响力。他提出了一些切实可行的方法，以影响他人，提高其表现水平。他解释了角色示范、揭示弱点和发出赞扬的重要性，并且指出学习领导时所产生的积极态度的力量也很重要。

杰弗里·佐尔提出了第2条：他回顾了多年来我们在学校所开展的那些对学生来说不再是最佳做法的事情。要想在学校里为学生真正创造新的未来，我们必须不只停留于继续把事情做得更好；而且，我们必须停止许多过去旧有的惯例，即使其中的许多做法曾经对我们颇有助益。有些讽刺的是，我们必须减少对学习的关注，更多关注摒弃过去的做法，才能让我们的学校成为真正的学习型组织。杰弗里给出了制定"改弦易辙"计划的5个要点。

吉米·卡萨斯提出了第3条：他认为，教学的真正价值实际上在于所产生的学习效果。他强调，我们不仅要了解我们的学生，为他们服务，从他们身上学习；更要了解我们的同事，帮助他们，互相汲取，这是很重要的。他以著名的"假装成功，直到成功"为例，举例说明比这句格言更好的做法，那就是在学习之前，承认我们现在的处境，识别下一步需要学习什么，这样才能达成真正的进步。他还强调了将弱点识别、风险承担和持续自我改进作为赋能方法的重要性。

萨尼·贝尔提出了第4条：她深入探讨了情商，并提出了这样一个观点：教育工作是与人打交道的工作，掌握人际关系技巧和学习教学法与了解课程同样重要。她进一步发展了丹尼尔·戈尔曼（Daniel Goleman）的观点，阐述了自我调节、自我意识、动机、移情和社会技能的重要性。情商调控得越好，就越有可能创造出不仅可以扎牢基础，更可以蓬勃发展的课堂、学校和学区文化。最后，萨尼给出了一些具体的技巧，帮助我们有效参与那些经常被回避的、富有挑战性的对话。

杰西卡·卡宾提出了第5条：她分享了她在生活中平衡技术作用的洞见。这一章包含大量关于电子邮件整理、保持主屏幕清爽以及有效管理社交媒体使用的实用策略。此外，她还指出了"厌倦"的重要性。杰西卡提供了10种方法来改变，以实现放下手机、远离电脑、重新开始生活、发现激情所在，每天有意识地与他人交流。

加内特·希尔曼提出了第6条：她阐明了为何要把讨论的重心从基于标准的评分机制转移到基于标准的学习机制上来。成功地过渡到基于标准的评分机制，必须要把基于标准的学习机制作为首要重点。评分机制的变革应当是以学习、评估和反馈为中心的课堂过程之自然结果。若非如此，基于标准的评分机制的变革只会停留在表面。基于标准的学习机制是基于标准的评分机制发挥效用之关键。在这一章里，加内特阐述了成功的基于标准的学习环境的5个关键方面，包括：建设有支持作用的文化；信息对学生、教师和家长都透明；将评估定义为过程，作为课堂核心；提供高质量的反馈；以及基于标准的评分机制。最后，她提示了通往成功之路上常见的障碍，给出了如何克服这些障碍的建议。

凯拉·多恩菲尔德提出了第7条：她真诚地审视了她过去的传统课堂环境，并分享了她如何意识到还有更好做法的经历。她解释了为何以及如何转变成以学生为中心的学习环境，并为愿意改变课堂环境的教师提供了具体实用的技巧。凯拉分享了其他教师的见闻，这些教师都迈出了这飞跃性的一步，并切实体会到了这样做的好处。她还指出，灵活的座位布置并不意味着秩序混乱，在改造完成以学生为中心的环境后，她的课堂比以往任何时候都更井井有条。

布莱恩·门德勒提出了第8条：他提供了与最具挑战性的学生相处时可以用到的具体建议。他研究了纪律在何时起作用，评估了在学生行为不端时我们进行干预的重要性，并指出了学生行为不端的5个原因。最后，他给出与顽固型学生相处时的不二法则。在这一章中，读者将体会到“倒数第二个词比倒数第一个词好”“走开相当于有力”“有总比没有强”“私下比公开更好”等格言的力量，学到许多改善与最难接触的学生的关系和提升他们的表现的其他策略。

艾琳·克莱恩提出了第9条：她提出了将跨课程的设计思维方法应用于教学的理念。她认为，找到将现实生活中的应用融入到课程中的方法，给学生进行合作学习的机会，就能更好地让孩子们在离开教室后保持独立与获得成功。她分享了自己转向设计思维过程的经历，她和同事们面对的挑战，以及如何克服这些挑战，更好地为学生服务。

德里克·麦考伊提出了第10条：他表示他认为学习的关键在于交流，包括成人与学生的交流、学生与世界的交流、成人之间的交流。他指出，当我们将学习视为一种交流时，学生和教师都学会了协作沟通，学会了在他人作出尝试、尝试失败以及再次尝试时表达同情，体会到了相互支持和互相指导的力量。最后，他提出了这样一个观点：我们必须停止“建设伟大的学校”，而是开始努力“为学生创造非凡的就学体验”。

我们希望你已经阅读了卓越教育家系列的第一册书《给教师的关于创新的10条建议》，感谢你正在阅读该系列的第二册。虽然这么说可能有失偏颇，但我们的确认为，教育是我们所能想象到的最重要的行业。作为教育者，我们所从事的事情很重要，每天践行这些事情也很重要。了解了更好的方法，我们便无法止步于工作现状。了解了更好的方法，我们也必须做得更好。我们始终要不断进步。不仅如此，我们还必须在课堂、学校和学区做出新鲜的、更好的尝试。做出新鲜的、更好的尝试正是我们所倡导的创新方式。感谢你阅读这本书、分享你的想法，并作为教育者持续不断地学习下去。

第 **1** 条

学习领导力，扩大教育的积极影响

托德·威特克尔

本章的内容可能听起来有点吓人，可能还会感觉有点可怕。毕竟，如果没有像教学指导员、校长、督学这样冠冕堂皇的头衔，为什么还要试着去领导呢？这不是他们财力殷实的原因吗？他们不是拥有很大权力吗？谁会听你的呢？

更糟糕的是，如果你尝试领导却没人追随怎么办？如果你尝试领导，每个人都生你的气，甚至嘲笑你，又该怎么办？如果你的想法不好怎么办？如果这些理念是错误的呢？难怪学着领导这么可怕。未知的事情似乎难以应对，这可能会让我们相信，最好的办法是不采取行动。

我们都见过领导者因其做出不当的决策和采取不当的行动而受到批评。即使我们同意领导者的观点，即使学校大多数教师都赞同，仍然可能会有一些唱反调的人，他们似乎有很大的发言权，没有人会提出质疑。很多时候，我们很庆幸自己没有处在领导者的位置上，让那些不愉快的感觉和情绪左右我们。

批评领导者总是比成为领导者更容易。然而，如果没有领导，事情几乎不会向前发展。这并不意味着一个人或一位领导只是拥有头衔的那个人，而是意味着某个人或任何人，冒着风险，努力为一个团体、组织或学校的前进和发展助力。

要知道，在领导职位空缺的情况下，每个人都试图填补这一空缺。遗憾的是，最终往往是那些个性极强的消极之人填补这个“领导缺口”。他们获得影响力的原因是，站起来反抗他们是无趣的。正式领导建议改变或提出观点时，别人对他或她的愤怒，很快就会转移到那些提出不同意或可能需要额外工作量的观点的人身上。如果你试图领导，这些消极情绪可能会冲着你来。一旦消极的人站稳脚跟，甚至是立于不败之地，冒险尝试担任领导者就会变成意见更没价值、更让人害怕的事情。

然而，不能取得进展也非常令人沮丧。除非我们继续努力改善教学水平和技能，否则我们的工作毫无乐趣可言。我们选择教育事业是为了给学生带来积极影响，如果我们明明知道更好的方法，而学校却未采用，那将令人感到非常苦恼。那么，我们如何在不考虑角色或头衔的情况下推动改进呢？我们怎么开始呢？什么可以产生最大的影响？我们如何参与其中？

虽然领导者的决策有时候可能并不受欢迎，但很多时候他们的决策都是正确的。即使有人希望领导者做不同的决定，领导者还是会坚持自己的立场，做正确的事情。在一场重要比赛中，因为违规而让明星运动员停赛的教练可能不会受到铁杆球迷的欢迎，但我们仍知道这一决定是正确的。短期内可能会有少部分引人注目、直言不讳的反对者感到愤怒，但教练同样会获得理性、客观的多数人的长期尊重。这才是我们真正想要的。我们希望得到周围人的尊重，尤其是那些我们自己最敬重的人。

我们都有自己尊敬和钦佩的人。想想那些教育工作者——你敬仰的同龄人和主管。我们之所以看重他们，是因为他们是领导者，不过，这或许不是因为他们的头衔，而是出于对他们生活和工作方式的欣赏。这是我们都想成为的样子，也是我们开始学习领导力的方式。过去我们选择教育来改变现状，现在我们想扩大教育的积极影响，我们正是通过领导他人来做到这一点。

让我们来看看每个人都可以学习领导力的一些方法。不需要任何职位权力，我们即可将这些方法付诸实践。其中有很多方法你都知道，有一些你还运用过。但要真正有效领导，这些方法必须成为我们日常实践的一部分。

角色示范：即使别人做错我们也要做对

最基本的领导方式是角色示范。它是通过始终以专业的方式对待自己来实现的；也是通过关心他人、对人友好，通过有效运用我们的技能实现的。有些人通过这些方式成为榜样。我们可以钦佩那些似乎总是积极向上的人。还有一些人，我们可以尊重他们的外表或个性。但教育让我们更深入一点，我们真的很想成为给学生带来重大和持久影响的教师。

有时，当我们听到学生不断地称赞其他教师时，即使是最优秀的人也可能会有点嫉妒。这种嫉妒可能是关于他们有多爱以前的某位教师，或是多喜欢某位在我们的课后给他们上课的教师。当我们被人以同样的眼光看待时，我们甚至可能会感到有些痛苦。但我们能做的就是确保自己努力向那个同事看齐，而不是试图贬低他或她。

观看各个级别的体育比赛是很有趣的。当你的球队获胜时，人们会用各种积极的词汇来描述球员——坚定、无畏、无私等。在他们赢得比赛后，与败阵的对手握手时，我们为他们的体育精神感到骄傲。在专业层面上，我们钦佩获奖者，因为他们阐释了刚刚面临的比赛，有多么艰巨而有价值。这根本没有错，然而，也没有什么特别之处。做一个有风度的赢家并不难，昂起头，向不如我们的人表示祝贺，这很好。但是角色示范的意义远不止于此。在你总是落选的情况下，给一位刚刚获得“年度最佳教师”称号的同事发送一封态度积极的邮件是很特别的。失败者认可并吹捧获胜的对手是罕见的，尽管人们可能将其视为懦弱，但它更多的是一种优势。这就是我们开始成为领导者的方式。帮助他人，而不是诋毁他人。这个世界上已有太多批评家，而我们不再需要做这种人。我们需要那些即使别人做错了，自己也能坚持做正确事情的人，需要那些能在别人沉默时大声表达的人，需要那些能在他人最需要帮助时提供安慰的人。这就是作为领导者应做的事。

这个世界上有太多批评家，而我们不再需要做这种人。我们需要那些即使别人做错了，自己也能坚持做正确事情的人。

我有幸每年都能与世界各地成千上万的教育工作者一起工作。校长们经常问我，为什么教师们不站出来对抗那些消极的同事。我总是回答说，这是因为校长没有勇敢站出来面对那些消极的同事。如果校长不率先示范如何恰如其分且专业地做这件事，为什么教师应该知道如何做，并愿意这样做？不仅如此，我们也不需要教师站出来对抗消极的同事，这不是事情的起点，那是校长的工作。如果教师这样做是很好的，但这不是我们所需要的。相反，教师需要坚持做正确的事，即使自己的同事做错了。这就是角色示范，这就是事情的起点。

如果你为人父母，你会期望你的孩子去帮助他们的朋友改正错误吗？可能不会。那是一项相当艰巨的任务。然而，如果你为人父母，你会不会期望你的孩子做对的事，即使他们的朋友做错了？可能会。如果你的孩子做对了，至少他们的一些朋友有可能选择不做错事。这就是角色示范，这就是领导的起点。

我们也需要以同样的方式去领导别人。即使别人做错了，我们也要做对。这可能不足以解决所有问题，但足以开启问题的解决。这就是学习领导力，这就是领导。

保持正向思维，勇敢去做正确的事

我们感到疲累或精疲力竭的时候很容易有消极情绪。当我们没有自己所希望的那样高效时，就会想给自己找借口。身边有人提供借口确实能给予安慰。“不是我的问题，是学生的问题！”“如果我们得到支持，我们也许就能做好工作！”“如果我们州的立法者曾经有过教学经历，也许他们会做出正确的教育决策！”诸如此类。这些都是学校里常见的问题，随着时间的推进以及我们新学年的蜜月期接近尾声，这些问题出现的频率可能会增加。

但是，让我们反思一下。我们真的希望我们选出的所有官员都去教书吗？你会情愿让你的孩子去上他们的课吗？呀！你很可能不愿意。我们那样说是为了让自己和周围的人摆脱困境。通过作为对话的一部分，尤其是通过表示赞同，我们已经坚持，甚至很可能强化了这些理由和看法。即使我们坐着沉默不语，也会有人认为我们同意了。这就是领导吗？

这并不意味着你必须“勇敢地”面对消极（缺乏热情）的人，甚至是一群消极的人。然而，这可能意味着你至少不必加入他们。如果你能够做到不第一个从旁帮腔或至少不点头表示同意，这就是走向领导的第一步。

你有没有处在这样一种情况，一群互不相识的人在一起，而一些不寻常或令人恼火的事情开始发生？例如，假如你在一个快餐店，柜台后面的人非常粗鲁，你的订单迟迟得不到处理。刚开始，你也许感觉很奇怪，但没吭声。但是，一旦你感觉事情太过分，你也许开始环顾四周，看看处于同样境况的其他人是否也跟你有着同样的感觉。如果其他等待的人没有表现出绝望——尤其是如果他们看起来像典型人物——那么你也许开始认为只有你自己吹毛求疵或没耐心。

然而，如果他们也在环顾四周并感到沮丧，你可能会跟他们进行眼神交流并同时皱眉、翻白眼或表现出其他的厌恶情绪。通过这样做，你得到证实，同时也被证实了问题不在你。问题在于柜台后的那个人，也可能是经理，也可能是整个连锁店。你实际上会更确信这种情况太荒谬了，替自己感到委屈。你可能会觉得自己有权大声发表刻薄的评论和/或者向那位员工或你的临时“同事”（也就是其他顾客）抱怨。

但是，当你审视顾客时，如果让你印象最深的那位，或者最像你的那位，吸引了你的目光，并给了你一个积极、热情、友好的微笑，你可能会从消极的心态转变，实际上会更宽容并接受这种情况。他们甚至可能通过咧着嘴笑、会意地以耸耸肩的方式来表示自己意识到并承认这种情况，有点轻松地回应“至少我们是在一起的”。

即使在这样的情况下，可能永远不会再遇见的、完全陌生的人也有领导力。除了环顾四周察看其他人发出的信号，你还可以站在员工的角度思考，“我可以想象在这里工作，拿着最低工资，在一个人手不足的环境里，面对等待的一群饥肠辘辘、没有耐心的人，会是什么样子”。这可以让你的面部表情和肢体语言呈现出更平静、更友善的姿态。但在这种环境下，如果没有人采取积极的态度，那么唯一可能的结果就是消极的。

这是在员工会议上或教师休息室里确切发生的事情。如果一位新教师第一次参加员工会议，他或她正观察其他人，看看他们是如何恰当得体的：怎样着装、带什么零食或饮料，以及是坐在前面还是坐在后面比较合适。如果新教师看到其他人在用他们的设备批改论文、发短信或玩消消乐游戏，那么他或她作为一个新人，可能会觉得这不仅是合适的，甚至可能是意料之中的，因为这样才能“融入”。然而，如果新教师看到一位教师留下了积极的印象：那位教师对走进来的人打招呼，并邀请新教师坐在自己的桌子旁边，或者新教师听到关于不同表现的正向积极的评论，这可能足以阻挡他（她）跟随大多数人的脚步。也许是，也许不是。但这就是领导力的起点。

> **当你属于少数的时候，勇敢地去做正确的事情，这就是领导力。**

如果有人对同事说了一些刻薄或不合适的话，你可能会想要站出来对抗他或她，这在当时可能太可怕了，但至少别笑。当你属于少数的时候，勇敢地去做正确的事情，这就是领导力。许多有望成为校长的人问我，他们是否有可能在所任职的学校当校长。我的回答总是一样的：只要你不在教师休息室里发牢骚，你就有机会。你已经和学校里的大多数人不一样了。不过一旦你选择在消极的泥沼中打滚，就很难感觉干净。或许更重要的是，让你的同事忘记这一点很有挑战性。

揭示你的不完美

很多时候，有些人会试图通过凌驾于他人之上来领导别人。他们可能是“摆架子”的正式领导，也可能是试图通过吹牛或自我抬高在同龄人中显示优势的人。当你说“这就是我做事的方式”时，很可能会让人觉得你说的是“我想你不是这样做的，因为我比你聪明、比你优秀”。结果，你可能不仅失去了影响同事的能力，而且从长远角度来看你还可能影响了他或她对你的看法。

通过使用“暴露”一词，我们的真实用意是揭露自己的弱点或脆弱性。与其将其当作“你的想法”来分享，不如和别人描述它对你来说有多难，或者这是你也觉得具有挑战性的事情，这样可能会更有影响力。一个更有效的领导方式是分享非自我驱动的解决方案。你可以这样说：“你知道有人曾经告诉过我……”或者“有一次我看到一位教师……”这种说法可以让你共享相同的解决方案，但它会是一种更强大的影响方式，因为它让人感觉我们是在一起学习，而不是一个人从知识的源泉中有所汲取。

这可以让你更有影响力，从而提高你的领导能力。尽管表现出你的不完美会让你更脆弱，但这也会让另一方感觉和你更亲近，让他或她也觉得说出来更舒服。

如果这句话出自一个受到高度重视的人，可能会更加有力。例如，如果看似无所不知的教师或具有男子气概的教练愿意问这样的事情“有人对我如何做得更好有任何建议吗？”或者“我纠结的一件事是……”，那就很有力。这些看似令人生畏，甚至“完美”的人现在具有更大的影响力，因为他们已经表明自己和其他人没什么不同，而不是更加疏远或凌驾于其他人之上。

这也是一个人有自信的标志，而自信总是一个吸引人的特点。吹牛是缺乏安全感的表现，会削弱我们领导他人的能力。学会领导要求我们非常了解自己以及他人对我们的看法。

与新入职教师建立非正式人际关系

如果我们想学着领导，那就从阻力最小的地方开始，而不是从最需要的地方开始。与其让我们的领导之旅从最需要与众不同的地区或人群开始启程，不如我们先把重点放在我们最能发挥作用的地区或人群上。

我们都记得当一名新教师是什么样子。我们兴奋、焦虑、精力充沛，同时又紧张。我们不知道自己在做什么，但很想表现得像在做什么。我们在布置教室的外观上花了很大的力气，确保布告栏完好无损。我们仔细考虑了我们的程序，希望一切都能有一个完美的开始。

然后奇怪的事情发生了。学生们出现了。突然之间，一切都和我们想象的不一样了。有时，似乎很孤独。你意识到即使自己从不孤单，教学似乎也像是一个孤立的职业。事情发生得很快，每个学生的反应可能都不像你希望和想象的那样。我们可能会一直在努力平衡工作与生活，开始产生自我怀疑的感觉。你真该找个朋友。

新成员到来是开始学习领导力的好时机。当新教师被雇用时，一定要给他们寄张欢迎卡片或写封电子邮件，邀请他们共进午餐或喝杯咖啡，与他们建立同伴关系；为他们提供课堂资源，同他们分享你第一年入职时的紧张和兴奋等感受。继续非正式地建立这些联系，你无须做一个睿智的导师，而要成为在他们需要时陪在身边的同事和朋友。

也许不能再进一步了，或者你确实成为了他们寻求支持的对象。不管怎样，你都在向他们展示如何让新同事感到温暖和受欢迎，透露你当时在职业生涯中的感受，也许你甚至吐露每年仍然有这种感觉。这就是领导。你也把他们和一个积极的人联系在一起，这个人喜欢教书，也明白教书有多辛苦。记住，如果领导层出现空缺，就会有人来填补。你肯定不想让不那么积极的人来做这个工作。他们需要你……也许你需要他们。

组建结伴练习领导的联盟

如果你想通过影响更多的教育工作者来扩大你的领导能力，那你可能需要参加各种研讨会或专业发展会议，然后把你所学的知识带回给你的同事，甚至是所有的教职工。这对你来说可能很舒服，但也可能会增加你的焦虑程度。如果你邀请其他人分享你的旅程，可以减少这种焦虑。让同事参与到你的成长中来，并参与到其他人的成长中去，这样可以减轻你的负担。当你的领导机会和影响力得到提升的时候，它也可以为你提供一个伙伴。这种组合也可以让你有机会从一个有利的位置开始练习领导力，而不是始于缺乏自信的位置。如果你在小团体中表现得更好，而你的伙伴也喜欢在人群前，那么前几次你可能会扮演这个角色，而其他人则利用他或她的优势。你不可能仅仅停留在舒适的环境中就获得成长，但它肯定是你开始并拓展领导之旅的地方。

练习赞美的艺术，认可他人的价值

没有什么比恰当的赞美更有力量。人们缺乏工作满足感的最常见原因之一是，他们的工作得不到认可，觉得自己没有价值。这是一种任何层次的人都可以使用的领导方式。

当别人赞扬你的外表、工作质量、友善或你分享的想法时，想想你是什么感觉。这会给你信心和能量，让你成为更好的自己。我们的工作要求很高，有时很累人。即使得到一个小小的感谢或对我们努力的认可，也能帮助我们在教室和学校里成为最好的自己。这是赞扬他人的好处——让他们感到被重视。然而，还有另一个与领导力和影响力密切相关的因素，那就是受赞之人对给予他或她积极评价之人的看法。

没有什么比恰当的赞美更有力量。人们缺乏工作满足感的最常见原因之一是，他们的工作得不到认可，觉得自己没有价值。

请想一想，如果有人对你评价很高，那这个人一定很聪明。否则，为什么这个人会注意到你经常被忽视的优点呢？当有人让你自我感觉良好时，通常你也会对那个人感觉良好。这是你想与他们相处的一类人，这些人是你敬仰的人，是你想要模仿的人。这些都是有影响力的领导者经常做的事情。

本章旨在帮助我们领导和影响那些我们没有“权力”去控制的人。我们在这里把权力当作一个抽象概念来使用，因为作为教师，我们并没有真正的权力，我们真的只有影响力。我们可以在课堂上或课外活动中经常认可和表扬学生。称赞“优于”我们的人相当容易。我们可以给予赞扬，但考虑到地位，我们知道他们并不真正与我们平等。这很像一个有风度的胜利者。这里没有真正的技能。我们面临的挑战是赞扬那些在“权力”上与我们不相上下的人，或者更令人不安的是，赞扬那些拥有我们可能缺乏的技能和才能的人。

赞美——认可他人的技能、能力和努力——之所以有意义，是因为它非常罕见。我们都珍视自己与众不同的感觉。因为对于很多组织里的很多人来说，被赞美是很不寻常的，赞美他人实际上可以提升你在别人心目中的地位。重要的是，赞美是真诚的，没有附加条件。换句话说，你不能想着这样做来享受恩惠或从中得到什么。我们也不应该把它当作武器，在对方犯错的时候就把它拿出来。相反，对他人真正的认可和承认会对其与你的联系和对你的看法产生巨大的影响。结果往往是你更有能力领导他们，因为他们更愿意追随你。

还有两件事要牢记：

1. 赞美那些总是被赞美的人，远不如表扬那些很少受关注的人来得更有力。给啦啦队队长或明星四分卫颁奖是件好事，但颁奖人这样做也有可能是为了与这个人建立联系。如果你能意识到一些你无法吹嘘的东西，那就更有意义了。对一个没有时常得到微笑回应的人微笑，可能比对一个总在意料之中得到回应的人微笑更有意义。这并不意味着停止抚慰那些经常受到安抚的人。但这意味着，对其他人这么做可能会增强我们的影响力和领导能力。

2. 如果人们觉得你喜欢他们并重视他们，那么当你的想法对他们有益时，他们会更愿意倾听。如果你经常称赞对方的外表，对方可能会更容易接受和思考你提出的建议。在需要一种关系之前我们要先建立一种关系。称赞是帮助我们建立这种关系的有力工具。

成为领导者，扩大影响力

领导就是要有影响力。我们可以通过成为专家进行领导，通过行使权力（如果我们有权力的话）来领导，或通过展现魅力（如果我们有的话）来领导。但是，如果没有具备一些或所有这些条件时，我们也需要能够发挥领导作用。领导的影响在任何一个方向上都是巨大的。我们可以用超能力行善，也可以用超能力作恶。这就是为什么领导力如此重要。

我们必须从角色示范开始，尽管我们意识到仅靠角色示范是不够的。我们需要有积极的态度，避免跳上抱怨的马车。要想成为领导者，我们必须保持谦卑，并时不时地暴露自己的缺点。我们还应该从阻力最小的地方开始，比如与新教师建立联系，以及要合作而不是一开始就单干。每一天，我们都需要练习赞美的艺术。记住，每次赞美时，至少两个人会有更好的感受，而其中一个就是我们自己。

感谢你选择成为教育工作者来改变现状。感谢你选择成为领导者来扩大影响力。

第 2 条

学习忘记那些理所当然的事情

杰弗里·佐尔

构建学习型组织：摒弃旧事物比关注新事物更重要

我清楚地记得我的第一辆自行车。大约在1970年，我和爸爸看了各种型号的自行车，但我却相中了一辆哈菲（Huffy）牌黑色三速自行车，它配有一个相当光滑的香蕉型鞍座。我不记得是多少钱了，但我记得它超出了父亲的预算。我们离开了那家店，没买那辆自行车。周末我跟妈妈和哥哥一起去看望奶奶。在奶奶家时，父亲打电话告诉我一个惊喜：他已经买下那辆我梦寐以求的自行车。我简直欣喜若狂，恨不得马上回家，骑着它在镇上转一圈。直到今天，只要有机会，我仍喜欢骑着自行车满城跑。自从有了第一辆自行车后，我估计自己至少有六七辆了。尽管那辆哈菲牌自行车在当时是比较好的自行车，但我接下来的每一辆都比前一辆要更好一些。如今，我骑着一辆比那辆20世纪70年代的哈菲牌自行车好得多的 Linus 牌自行车跑遍全城。然而，尽管我非常喜欢现在的自行车，认为它在第一辆自行车的基础上有很大改进，但我必须承认，这两辆自行车对比起来很像，而不是迥然不同。这两辆自行车都配有两个车轮、把手、三速档、踏板和一个链条装置。它们的主要区别在于各自的座椅风格和整体高度。事实上，将2019年的普通自行车与1970年同等水平的自行车进行比较时，我发现它们真的并没有太大改变。这类自行车持续改进，但没有任何显著的改变。每次骑上新自行车时，我都不需要多想，只是跳上去，踩着脚蹬离开。我可能需要学习如何操作新自行车的不同功能，但总的来说，我骑过的每辆自行车并不完全异于之前的那辆。换句话说，在骑一辆陌生的新自行车时，我可能需要学习一些细微的差别，但不需要摒弃我过去的骑车方式。事实上，我不必忘记骑自行车的基本原则，这些原则在我50多年的骑行生涯里一直帮助我。

2015年，德斯汀·桑德勒（Destin Sandler）让一款新型自行车——“逆向自行车”（The Backwards Brain Bicycle）出了名，关于这款自行车的一段视频立即在网上疯传。视频中，桑德勒解释了对自行车的微妙改动，这要求他忘掉之前学过的关于自行车的一切知识。确实，桑德勒花了几个月的时间去刻意练习才最终掌握了骑这种“逆向”自行车的技巧。观看他如何努力完成这一壮举的视频很有趣，但也揭示了要“忘记”一些我们已经认为理所当然的事情是多么困难。正如桑德勒在视频中所说，“一旦你头脑中有一种固定的思维方式，即使你想改变它，有时你却根本无法改变”。但是，在这个“逆向自行车”的例子中，大概没有实际理由要忘记传统的自行车骑法。因此，我们都可以骑这些类型的自行车，因为新自行车跟传统自行车相比并没有什么优势。但是，近些年来，我们的社会取得了许多真正伟大的进步，这要求我们不仅要学习新东西，而且要摒弃旧东西，这样才能真正掌握新知，取得显著进步。桑德勒以一种有力的方式说明了这一点：当我们进行的变革如此剧烈，以至于到需要我们忘记过去对我们有益的东西的地步，我们面临的挑战会是多么困难。

尽管我们在很多领域（包括自行车设计和制造）都取得了技术上的进步，但通常情况下，新版本仅仅是对前一个版本的改进。这可能需要我们学习一些新的东西，但是不需要我们从以前拥有的关于产品、工具、资源或思想的知识中忘记任何东西。也许没有哪个社会部门比我们的学校更能够以实际变革为代价而持续进步。我们日复一日、年复一年地不断改进，这本身并没有什么错——当然，除非这种持续的改进阻碍了转型变革，而这种变革比逐步改进更能推动我们前进。在2017年，我和乔·马扎（Joe Mazza）写书时提到关于以牺牲深入改进为代价的持续改进之风险，这表明把事情做好是好事，但选择做更好的事情会更好。或者，正如拉塞尔·阿克夫（Russell Ackoff）明智地警告我们的那样，“持续的改进并不比间断的改进重要。创造力是间断性的。创造行为打破了之前的链条”。在学校里，要真正为学生创造新的未来，我们必须超越只停留在继续把事情做得更好的层面；相反，我们必须中止一些我们一直在做的事情——其中许多事情在过去都对我们很有帮助。

> **我们的社会取得了许多真正伟大的进步，这要求我们不仅要学习新东西，而且要摒弃旧的东西。**

> **要真正为学生创造新的未来，我们必须超越只停留在继续把事情做得更好的层面；相反，我们必须中止一些我们一直在做的事情——其中许多事情在过去都对我们很有帮助。**

有点讽刺的是，为了使我们的学校成为以及必须成为真正的学习型组织，我们必须少关注学习新东西，多关注摒弃旧东西。

在2012年，彼得·圣吉（Peter Senge）与一群教育工作者和变革领导者一起，写了一本名为《知行学校》（*Schools That Learn*）的优秀著作，其核心思想是：通过改变人们的思考和行动方式，可以将学习机构作为学习型组织来设计和运行。虽然这是我一直向教育工作者推荐的书，但也许是时候重新思考书中的这个概念，并在讨论中加入把摒弃旧东西作为学习的必要组成部分的思想。学校进行的最深刻的学习往往不是增加新知识，而是首先摒弃无用的、过时的、错误的、不相关的或低效的东西。随着我们临近21世纪的第二个25年，我们应该少关注那些学习新东西的学校，多关注那些摒弃旧东西的学校。

为什么既要学习，更要摒弃

在我参观过的所有学校中，我都观察到了大量关于学习新东西的例子，有时也会看到摒弃旧东西的例子。两者都是艰巨的任务，但后者比前者更具挑战性。正如拉塞尔·阿克夫提醒我们的："唯一比开始新事物更难的事情是停止旧事物。"然而，当我们知道更好的方法时，不仅要继续学习新的东西，还要停止从事旧的事情。可能很难区分学习新事物和摒弃旧事物。在我们学校内外的生活中，有哪些事情实际上需要摒弃，而不是简单地学习新事物呢？无论是在学校还是在整个社会，学习新事物的例子比摒弃旧事物的例子要多得多。让我们来看看校外的一个例子：我猜想，和你们很多人一样，我曾经在需要搭车的时候预订出租车，而现在我使用乘车共享服务优步（Uber）。这种转变主要是我学习上的转变。多年前，我是从一个朋友那里了解到这项服务的。经过朋友的简单解释，我意识到这种租车方式（对我来说）比传统模式更好。这一转变要求我下载这款应用，并学习其中的几项功能，包括如何付款、如何叫车，以及选择不同的乘坐选项。老实说，学习过程并不艰难。我看到了新方法的好处，并有了学习动力。这项新的学习并不难，在坐了几次车之后，我几乎掌握了优步拼车服务出行的各种功能。这种转变需要摒弃旧东西吗？并不需要。我只是停止使用出租车，转而使用优步汽车。这几乎是对沃尔什在2016年提出的SAMR①模型中的“替代”一级的改变。也许唯一需要摒弃的是最初的思维模式转变，我被迫放弃了与陌生人坐同一辆车是不好的这一想法。但说实话，我也不是全市出租车司机的好朋友。然而，必须指出的是，即使在必须摒弃旧习惯的情况下，大部分需要摒弃的也不是技术技能；相反，它通常需要更多的思维模式转变。我们将在下面的几个例子中看到，这只是需要比我从出租车到优步的例子更重要的思维方式转变。从出租车到优步的转变是很容易就能“完成”的，因为它不涉及大量地摒弃旧东西；我只需要学习新方法，然后学习如何使用新方法。

我能从教导初高中的男孩子们打篮球的经历中，找到一个要求大量摒弃旧习惯的转变的例子。在我执教过的每支球队中，几乎每个球员都能熟练地用他的惯用手（通常是右手）上篮。遗憾的是，很少有球员能熟练地用非惯用手（通常是左手）进行同样的上篮。当惯用右手的球员在球场右侧运球时，他们会轻松上篮。右手运球，在接近篮筐时左脚起跳，用右手投球进网。当被要求从左侧执行同样的投篮操作时，他们的自然倾向仍是右手运球左脚起跳，然后用右手把球投出。多年来，对我的许多球员来说，这需要进行许多小时的练习才能改变，但它至关重要，必须改变。在

① S：替代（Substitution）；A：扩充（Augmentation）；M：修改（Modification）和R：重新定义（Redefinition）。——编者注

比赛中，除非球员从球场的另一边过来时改变其投球方式，否则他们的投篮很有可能被对手封盖。我不能过分地去强调这对一些运动员来说是多么困难，他们中的许多人都对此非常熟练。对他们来说，在惯用手那边毫不费力就能做到的事情在非惯用手那边就不行了。他们需要进行相同的普通投篮，但需要一个在惯用手那边行得通的方法。和所有的摒弃旧习惯一样，这个过程始于思维模式的转变，他们必须理智地接受，改变对他们来说是自然而然的东西。当然，之后他们必须学习新的技能：如何用他们的非惯用手运球和投篮。这需要持续数小时的练习。但也许最大的改变是，当他们用非惯用手投篮时，要忘掉用哪只脚起跳。从右边投球时以左脚起跳的习惯根深蒂固，以至于他们要花好几个小时才得以忘记，从而尝试从左侧投球时以右脚起跳。

在学校，我们要求学生和教职员工进行的许多改变，都需要学习一种新的做事方式。有时，这些新方法就像从使用出租车过渡到使用优步汽车服务一样简单。在其他时候，这种变化更像是在球场的另一边用自己的非惯用手上篮。在第一个例子中，我们所要做的就是学习。在第二个例子中，我们不仅要学习，而且要摒弃。现在，让我们来看看学校是如何实践的。在学校里，毫无疑问，无论是学生、教职员工，都必须一直系统性地学习新技能、获得新知识。但是，在此过程中，有哪些东西是我们必须摒弃的呢？

改弦易辙的5个出发点

阿尔文·托夫勒（Alvin Toffler）曾说过，“21世纪的文盲不会是那些不会读书写字的人，而是那些不会学习、不会摒弃已学，以及不会重新学习的人”。我们现在早已进入了21世纪，在有关学校的话题中，这种观点值得反思。就个人而言，我怀疑我是否会看到，有一天我不再重视阅读和写作（作为学习和摒弃的方式）的重要性。但托夫勒强调把会学习、摒弃所学和重新学习作为“有文化”公民的标志是有先见之明的。我们在学校里做的很多事情，即使没有几百年，也有几十年了，都值得去研究。在研究过程中，我们要尽可能多地学习，摒弃那些不再有意义的东西，并重新学习更好的方法。我为初学者提供了摒弃旧事物的工具包。以下是关于起步的5条建议，其中有一些相当基础，已经在许多学校开始实施，但也有一些则相当顽固，似乎是一成不变的。

1. 从摒弃评分和报告开始。值得庆幸的是，作为学校教育的一个方面，许多学校已经对此进行了摒弃，但要彻底改变这一点，我们还有很长的路要走。这种摒弃不应只在一些学校进行，而要覆盖到所有的学校，包括学院和大学。

为什么要摒弃传统模式？显然，本章都在围绕这个话题展开，我在这里并不是要重新讨论可用文献的范围，而是要表明我们在这一点上已学到了足够的知识，已认识到传统模式是站不住脚的，我们有更好的选择。评分和报告的目的是向学生及家长传达学生在某一特定时间点的学习标准达成度。给学生打个“A”或“96”远不如提供描述性反馈，描述学生当前的学习情况，根据年级水平标准他或她应在哪个等级，以及根据该标准，学生在接下来的学习进程中要做什么。

为什么既要学习，更要摒弃？因为几乎每个教师和家长在学校都体验过传统的评分和报告系统，这是每个人都知道的，而且大多数人都觉得很舒心。对许多人来说，这个系统在他们自己的学校教育中运作良好，很有意义。成人教育工作者和家长在传统的评分和报告方面有几十年的经验，但这些经验不能简单地通过获取新知识来改变。它要求摒弃很多的习惯，比如取平均值、给学生零分，以及使评估结果与实际学习标准保持一致。在学习新方法之前，我们必须摒弃与评分和报告有关的旧习惯。

2. 从摒弃家庭作业开始。这是学校教育的另一个方面，目前一些地方正在进行审查，每所学校都应该对此审查，看是否要进行摒弃。有些学校甚至完全禁止布置家庭作业，有些学校则实行“每个年级每晚多留10分钟”的模式，也有一些学校则根本没有正式的指导方针。

为什么我们要摒弃传统模式？传统模式是教师给全班同学布置额外的学业作业，让他们在家里完成。这项工作可能会根据年级水平、内容领域和个别教师的喜好而有很大差异，但通常是给全班所有学生布置相同的家庭作业。我们应该摒弃传统模式，在每个学校（甚至从美国的国家层面）进行讨论，确定最有益于学生学习的作业形式。同样，关于该话题的文章已经很多，我在这里并不是要解答或争论这个话题，而是要指出，这是另一个对许多学生、家长和教育工作者来说效果不太好的方面。设置家庭作业的目的（如果有布置的话），应该是使学生有机会练习旨在满足个人学习需求的特定技能。目前大多数学校的做法并没有达到这一目的。

为什么既要学习，更要摒弃？就像评分和报告一样，“传统”家庭作业几乎是每个家长和教育工作者从小就有的东西，并且已经成为一种习惯。家庭作业成为了教育的主要内容，不能简单地通过学习新信息来改变。它要求我们打破旧习惯，包括每晚布置书本上的问题1—20，或者每晚阅读15分钟并完成阅读日志。这也要求我们摒弃给每个学生布置相同家庭作业的习惯。在学习布置作业的新方法之前，我们必须先摒弃旧习惯。

3. 从摒弃教师评估开始。我在几个不同的地区和两个不同的州经历过教师评估过程中“被评估”与“评估”的两个方面。作为有着19年教龄的一线教师，学校的一位管理人员对我进行了“评估”。在担任管理人员的18年中，我评估了各类教职工。在这两个角色中，我都花费了大量时间试图做到最好，并忠实地遵循评估程序。在我服务过的每一个地区，都成立了委员会来对评估程序进行审查和全面改革。这些委员会总是由智慧的、善意的专业人士组成，但我还没有看到哪个评估过程能够在投入大量时间和金钱之后产生任何显著的回报。

为什么要摒弃传统模式？如今，在我们的学校里，有如此多的评估教育工作者工作的模式，我甚至不能界定什么是“传统”模式，但大多数传统模式似乎有以下共同点：

（1）被评估者花费大量时间准备和接受评估；

（2）评估者花费大量时间准备和实施评估；

（3）评估完成后，评估流程带来的被评估者的绩效变化很小（如果有变化的话）；

（4）几乎每个被评估者都会得到好评。

将近40年间，我参与了许多学区的教育工作者的评估工作，现在我确信，我们是在浪费时间。每当我向一群教育工作者做报告，并询问他们我们应该停止在学校里做什么时，无一例外，听众中总会有人提出：我们应该取消耗时、复杂且烦琐的评估项目。

为什么既要学习，更要摒弃？我对许多地区众多敬业的专业人员所作的努力表示赞赏，他们应对这一问题，试图建立起一个高效、完备的评价体系。他们都真诚地希望建立起一套行之有效的机制。遗憾的是，到目前为止，我还没有看到一套说得过去的机制。是时候忘掉我们对评价体系应是什么样子所抱有的成见了。也许我们要取消它所要求的考察前会面、正式考察、考察后会面和大量的书面文件。也许这意味着我们要彻底摒弃

"评估"一词，专注于常态化的非正式考察、指导和反馈。这些年来不知为何，学校认为评估过程必须是复杂的、耗时的、充满压力的。我们需要重新思考这些观点，并诚实地反思，在现状下我们的投入究竟能获得什么回报。学习新方式之前，我们必须打破评价教育工作者的旧习惯。

4. 从摒弃规定时间开始。在所有学校，解决任何问题面临的最常见的障碍就是时间不够。在我所去过的学校里，没有一所不是拿"时间不够"作为理由，以解释他们为什么不去做重要的事情，不尝试新事物，不做他们说过要做的事情。有时这些回应像是给不想做的事情找的借口。然而，更多情况下，这一问题是真实存在的。我们每年都要承担越来越多的责任，但却从来没有增加相应的时间来履行这些责任。

为什么要摒弃传统模式？许多世纪前，校历是比照农用日历制定的。现在，在2019年，这一做法已经过时，不能再继续采用了。在老掉牙的180天制的校历中，学习的机会限定在每周5天，每天6小时内，这简直同样荒谬。我坚定地认为，没有比教育更重要的工作部门，没有比学生更重要的客户群，然而我们每学年仅给客户（学生）提供180天的服务。作为教育工作者，我们的职责是教育未来的领导者（今天的学生），为社会创造更光明的未来。如果继续被传统校历所限制，我们就永远无法尽最大努力完成这一崇高的使命。

为什么既要学习，更要摒弃？那些必须在学校里摒弃的事，似乎都是"我们去做它，只是因为之前一直都这么做"。也许没有什么比我们固执地采用传统校历更能清楚地体现这种有害的逻辑了。我们必须打破已经形成的惯性，包括下述思维模式：9月1日左右开学，6月1日左右放假，学校的一天从早上8点左右开始，下午3点左右结束。在这些时间和日子中，学习获得的"成果"不可能发生在学校围墙外。在学习新方式之前，我们必须打破如何看待、分配和利用时间进行教学和学习的旧习惯。

5. 从摒弃全体学生K-12连续教育体系开始。实际上，在公立学校就读的美国学生几乎都是在幼儿园（或学前班）开启求学生涯，12年级以后才能从公立学校系统毕业，在此期间不能跳过任何一个年级。在这个过程中，他们更可能要重读而不是跳过哪个年级。只有1%的学生跳过级，而有7%的学生留过级。长期以来我们的教育体制是：5岁左右开始上公立学校，上完13个年级或学习13年后就毕业。这是一种约定俗成的做法，很少或根本没有经过讨论就被人们接受，美国教育中有很多事情全都是这样随便就确立下来。

为什么要摒弃传统模式？约翰霍普金斯大学2017年的一项研究调查发现，大约七分之二的孩子准备好了接受更高年级的课程。在他们目前所在的年级里，这些孩子可能不是每天都能学到新东西，很可能会对课堂和学校教育感到无聊。在证明已达到K-12的学习标准后，他们中的许多人就可以离开K-12体系，进入到另一个更为合适、更有动力的学习阶段。在这个所有年级和全体学科都有明确学习标准的时代，学生达到了某个阶段的标准后，就应该允许（也就是鼓励）他们进入下一个阶段，这应当是讲得通的。需要着重指出的是，孩子的各个方面（年龄、社交、情感甚至身体指标）当然都应该考虑到。如果仔细考察所有因素后，可以确定某个孩子从K-12体系某一阶段进入下一个阶段可以获得更好的教育服务，那么跳级获得许可的理由就是十分充分的。

为什么既要学习，更要摒弃？在整个教育生涯中，我积极地帮助过三个学生跳级。我知道许多情形下我也会提出类似的建议，但在那三个情形中，跳级是如此有理有据，以至于尽管其他人坚决反对，我还是努力让他们都成功跳了级。那三个跳级的孩子都表现得很好，顺利从高中毕业并最终成功完成了高等教育。这三个情形的另一个共同点是什么？当我建议让孩子跳级时，其他教育工作者全都对我非常气愤。在那三个情形中，他们给出的理由对我来说全都站不住脚，但他们都强硬地表达了那些理由。我建议做出（在当时的那些学校里）前所未有的改变，同行们都对我强烈不满。每个孩子都要完成K-12连续教育体系中的每个阶段，却不考虑他们的学习需要，这种“我们一直都是这么做的”的预设深深植根在很多人的大脑中，以至于他们完全无法从另一个角度看待问题。我们必须抛弃普遍的成见，不是每个学生都必须逐年级学习，不是每个学生都必须等到上完一个年级后才能继续学习下一个年级的内容。我们必须摒弃“可以留级，不能跳级”的观念。在学习新方式之前，我们必须打破我们关于K-12连续教育体系的旧习惯。

应对未来挑战的5种方法

我建议学校从5个方面改弦易辙，这也只是涉及到了所有可以或应该摒弃的的冰山一角。值得庆幸的是，这5个方面中的两个（评分和报告与家庭作业）是相对可控的，许多学校都正在顺利做出改变。其他方面（教师评价、规定时间与K-12连续教育体系）需要更大程度的扬弃，但也许甚至比前两个方面更应该推倒重来。此外，除了我那有点过于是突破性的“初学者工具包”以外，我们还有许多应该考虑扬弃的方面。

然而，为什么我们还没有在学校里摒弃过时的做法呢？它们荒谬得令人发狂，但却非常真实地存在着。它们根植于习惯中，是我们不经认真思考就自动做出来的事情。“我们知道的东西”阻碍了我们想要（或至少应该想要）学习的东西。过时的做法和思维模式之所以存在，是因为它们未经检验和挑战，或是因为新想法与现状相矛盾，同时因为它们在过去对我们很有用。最后，我们有很多虚假的理由对抗“摒弃”这个概念，但它们的实质只不过是“但我们一直都是这样做的啊！”

> 过时的做法和思维模式之所以存在，是因为它们未经检验和挑战，或是因为新想法与现状相矛盾，同时因为它们在过去对我们很有用。

遗憾的是，我不知道有哪个放之四海而皆准的“推倒重来”的流程，对于这一挑战，并没有一本“方法指南”。然而，我的确认为，要想摒弃任何已经深深嵌入我们教育体系中的东西，需要做到以下几点。

1. 证明现状是错误的，或者至少不是最好的选择。以之前的评分和报告为例，发生改变的原因之一是，许多教育工作者已经能够说服大家，传统模式几乎完全站不住脚，它不是评估学生达到学习标准的最佳做法。

2. 保持持久的好奇心。在课堂上，对某种东西感到好奇的学生会更努力学习。作为专业的教育工作者，我们应该努力让学校里所有的成年人保持持久的好奇心。我们需要不断发问：“如果……会怎样？”不要因为之前一直在做某件事，就想当然地认为我们会一直做下去。在传统校历的例子中，有很多值得思考的“如果……会怎样？”的问题。比如，如果学生可以上220天学，而不是180天会怎样呢？如果学校每天开放12个小时或更长的时间，而不是6个小时会怎样呢？要是教职工有弹性教学时间，学生也有弹性学习时间，会怎样呢？

3. 尝试。我在科学课上看到的最真实的学习，发生在学生进行实验时。也许整个学校应该成为一个实验室。在前面的评估过程的例子中，留给我们真正尝试的机会（而不是仅仅提出当前评估模式经过重新包装过后的迭代版本）是无穷无尽的。

4. 看看学校之外的世界。推倒重来很难，当我们只盯着工作里已经存在的东西时就更难了。我们不仅要在自己的学校或地区外寻找可能性，还需要在教育领域外寻找可能性。我们要逐步接触不同的思维方式和做事方式。在取消家庭作业的例子中，这可能就像“研究其他地区正在做什么并从中学习”一样简单。

5. 放手。这可能是我不甚科学的“过程”中最难但却最关键的一步。一旦研究了问题，尝试了解决方案，并一致认为有更好的方法，就必须放弃过去“足够好”的东西，去把握对我们的未来更好的东西。这可以很简单，就像放弃“每个学生都必须学完K-12每个年级才能毕业”的想法一样。

学习新事物可能十分有挑战性。改掉根深蒂固的习惯，“我们一直以来的做法”，无疑更具挑战性。然而，我们必须接受这一挑战。学生的未来太重要了，如果我们知道更好的方法，就不能安于现状。在推倒重来时，我们创造、尝试、创新。这需要沟通、合作与具备批判性思维，我们期望孩子学会的行为，我们自己也应该做到。当打破把我们束缚在过去的桎梏时，新的可能性就会出现。总有改进的空间，但突破性的进展并不是给我们的旧工具箱装进新知识，而是摒弃过时的思维方式和行为方式，为带来创新和成长的实践留出空间。

> **学生的未来太重要了，如果我们知道更好的方法，就不能安于现状。**

显然，重复或者迭代早已存在的东西要容易得多，但如果这样做的话，我们就永远无法发挥出全部的潜力。我们必须做到更多。彼得·泰尔（Peter Thiel）2015年撰写的关于商业世界的文章很好地总结了这一点：“做已经知道怎么做的事，就是让世界从1变到n，这只是增加了我们熟悉的事物。但每次创造新东西，我们就是从0到1。”现在是时候让我们的学校从0到1了。让我们肩负起摒弃旧知识、创造新知识的使命，让孩子的未来不仅有所不同，而且变得更好。我依旧在前面引用的《知行学校》一书中发现了值得一提的地方。在同名网站（Schools That Learn）上，有个栏目提出了这样的问题："如果学校也可以学习呢？"这是一个值得深思的问题。然而，还有一个更发人深省的问题：**如果学校也可以摒弃之前所学呢？**

第 **3** 条

学习为他人学习，向他人学习

吉米·卡萨斯

我承认，我对“专家”这个词有异议。我们当中又有谁是真正的专家呢？我不清楚。或许是我多虑了，也或许的确如此。毕竟我们不是只从事教学工作，而是要做**教学**和**学习**这两件事，不过我们有时可能会忘记这一点。没错，我们当中许多人进入教育行业是想要有所作为的，认为自己可以教学生们一些东西（比如知识），或者我们可能认为自己擅长于此。或许你像我一样，出于这样或那样的考虑，最终决定成为一名教师。但对我们许多人来说，成为教师的共同原因是想从事教学工作。而这也恰恰是各地教育工作者面临的难题——教学的真正价值其实在于学习。

我是在一个以讲西班牙语为主的家庭长大的。像许多第二代移民家庭一样，父母和我们说话时，会掺杂一些英语。但西班牙语仍然是他们主要使用的语言，也是他们在家里和公共场合中与我们交流时感到最自如的语言。随着我逐渐长大，我才发现我和兄弟们之前就没有意识到甚至是没有明白掌握第二语言的重要性及其优势，尤其是西班牙语。只要听听我们和父母之间的对话，就能明显看出这一点。以下对话可能比较具有代表性。“A qué hora van a regresar？”（你们什么时候回来？）我母亲会问。“We will be home by eleven, mom.”（妈，我们11点前回来。）然后我母亲又会回我们说：“Ten cuidado. No tengan confianza en nadie. Hay muchos locos.”（小心点儿，别相信陌生人，外面很危险的。）“We will mom. We will be fine. Don’t worry.”（好的，妈妈，没事儿的，放心吧。）就像这样，我们错过了学习的机会。为什么用英语回答，而不是用西班牙语？老实说，这么做有很多原因。我们觉得自己已经会说西班牙语了，所以不需要练习。平时和朋友在一起时，我们觉得应该用英语说话，这样他们就不会觉得我们在用西班牙语议论他们。我有时不说西班牙语，只因害怕自己说错，或者不知道如何用西班牙语表达某个意思，又不想把事情搞砸，于是就干脆不说了。最后一点，因为我没有看到会讲西班牙语的价值。毕竟每个词我都懂，又何必再费事学呢。我们逐渐长大，父母还是一直强调“我们的语言”的重要性，让我们不要忘记西班牙语。有时我能看出他们对我们这些孩子很失望。当我们在他们说西班牙语的朋友面前用英语回答时，他们会很尴尬，就像我们在朋友面前说西班牙语会感到尴尬一样。尽管如此，我也并不担心，因为我知道我能说得很好，这对我来说已经足够了。

那是在上大学时，我第一次发现了自己在这方面的不足。经历一番考验与挫折后，我最终决定主修西班牙语。但没过多久我就发现，由于词汇量确实有限，我对自己所阅读的内容感到毫无头绪。教师讲话时，我很难捕捉到每个单词。虽然大部分我都能听懂，但在知识储备方面还存在缺口。不过，让我感到最吃力、最薄弱的方面是说西班牙语。我有生以来第一次意识到，父母一直都是对的。我知道的并没有我以为的那么多，自己正在慢慢丧失使用西班牙语的能力。

接下来几年的奋斗都很有益。我再次投入到课程学习当中，开始重新学习西班牙语。大学毕业后，我去了墨西哥的普埃布拉，在那里，我得到了一个在预备学校教英语的工作机会。但是那时我的心态已经改变了——我到墨西哥不仅仅是为了当教师，更是为了去学习。我想尽可能多地学习西班牙语，还想尽可能多地了解我从小没有领略到的文化和习俗。要说这是一次改变人生的经历，都有点太轻描淡写了。

这段经历改变了我作为课堂教师和校长的工作方式。我不再把自己仅仅当成教师，而是当成教练、学习者和领导者。如今，我已不在学校任职。我从事了26年的教育工作，其中有22年我都是校长。我仍然认为自己是一名教师，不过我更认为自己是一名每天都在努力变得更好的学习者。我不断倾听、观察、阅读，作为一名领导者，我更加注重自身发展、分享个人想法，并尽最大努力去激励他人，让他们每天都能展现出最优秀的自己。我不再勉强别人去做连我自己都不愿做的事。我注重以身作则，努力树立积极的行为榜样，以促使他人也像我这么做。我还经常反思自己的经历，不仅是作为一名教育工作者在反省，也是作为丈夫、父亲、儿子、朋友、学生和导师在反省。我思考自己希望产生的影响以及希望传给后代的东西。在此过程中，我认识到，最好的机会在于尽可能多地向他人学习，以示对他人的尊重，同时回馈我们称之为教与学的美妙职业。

最好的机会在于尽可能多地向他人学习，以示对他人的尊重，同时回馈我们称之为教与学的美妙职业。

在乔治·库罗斯（George Couros）与凯蒂·诺瓦克（Katie Novak）

合著的《体制内的创新》(*Innovate Inside the Box*)一书中，乔治指出了教育工作者需要学习的3个关键领域及原因。其中包括以下内容：

1. 了解学生；

2. 为学生学习；

3. 向学生学习。

琢磨乔治的话的同时，我开始思考，教师和学校领导究竟应该扮演怎样的角色，向同事和学生学习会有怎样的价值，以及这对学生成绩、教学实践、教职工士气、学校氛围和文化有何长期好处。你可以想象这样一个画面，教职工相互学习，了解同事，**为**同事学习，并**向**同事学习。大家常说，每个学生都有故事，但说实话，和我们一起工作的每个成年人也是如此。我们有花时间去倾听这些故事吗？如果我们认为，人际关系是一个成功组织的基础和核心部分，那么我们应该停止谈论关系的重要性，开始在学校的每名教职工身上花心思，这样我们就可以更多地了解每个人的才能、优势和技能，以便共同探索学习并分享成果。我们进入这个行业可能是为了成为一名教师，但接下来，我希望你不仅把自己当成一名教师，还要把自己当成一名学习者。

从更加个人的层面了解别人的故事

在担任校长的初期，我得到了一个宝贵的教训，那就是了解员工很重要。我一开始在一所新学校工作。在这所学校里，每次放学铃声一响，就会有位教师走出教学楼。我不止一次看到这位教师行色匆匆，把学生赶到车上，然后走出停车场。几个月来，我一直不太看好她，纳闷她放学后为什么不留下来和学生互动。她回避与同事合作，或是告诉家长她只能在课前与他们见面，我越发感到失望。不可否认，我已经厌倦了她的所作所为，觉得她不愿像其他同事一样付出同样多的时间。而且，这些同事私下里也找我反映过类似的情况，并开始对她感到不满。后来有一天，当我得知她在家长会那天请了病假时，我觉得不能再这么下去了。我记得当时对她很不满意，于是让秘书约好和她第二天见个面，这样我就可以好好谈谈对她的失望，彻底解决她的出勤问题。我收集了一些资料，标明日期和她提前下班的次数，还专门打印出来给她看。我决定给予她口头警告，并重申我对于她在工作和同事方面投入程度的期望。谈话期间，我明显可以看出她很沮丧。看到她眼里含泪时，我心想，希望这次有针对性的谈话能给她好好上一课，让她明白自己对学生、家长和同事的责任与义务。做最后总结时，我和她说，在对她的评估中，我会将这次谈话作为一个有待改进的方面，如果不符合我的预期，她就要承担相应的后果。然后我给她机会让她讲话。我永远忘不了接下来发生的事。她的道歉很正式，表示给我和她的同事添麻烦了，感到自己很抱歉。她感谢我百忙之中抽出时间，说她理解我的期望，并表示今后不会再引起任何问题。我感谢她的积极配合，然后问她是否可以解释一下，为什么不愿像其他同事一样在放学后再投入一些时间。她看着我说："不是我不愿意，其实那么做反倒是最令我开心的一件事。"我感到十分诧异，没想到她会这么说。"只是我母亲需要全天候的照顾，我的兄弟姐妹都住太远，没法帮忙，所以只能由我来照顾。我父亲7年前去世了，所以只剩下我和妈妈。每周有4个晚上，我得开车送她去做透析，路上要花一个半小时，所以放学后我没法留下来。能留我肯定会留的，但我母亲需要帮助，家庭护理的费用太高，以我的工资，根本负担不起。"就这样，我瘫坐在椅子上，恨不得找个地洞钻进去，心想自己怎么会这么可恶。

这段对话发生在18年前，但现在仍时刻提醒着我，要从更加个人的层面去了解他人。回想起来，我在那次对话中做错了很多事，不过那些可以改天再谈或在另一本书上再说。现在，我只想强调这一件事：为什么花时间尽可能多地了解那些与我们一起工作和为我们工作的人如此重要？和你分享这个故事有点尴尬，但我这么做是希望你能避免和我犯同样严重的错误，而且这能起到提醒作用：组织中的每个成员都有自己的故事，要主动去了解这些故事。

组织中的每个成员不仅有故事，还有各自的性格、个性、天赋、优势、技能和特质，这些使他们成为了他们自己。此外，他们还会有担忧、焦虑、希望和梦想，梦想着他们想要实现的目标，以及他们希望成为的人。尝试问自己这个问题：说到和你一起工作的人，你对他们到底了解多少？为了从更加个人的层面上去真正了解他们，你会做些什么？这很重要，原因有很多，不过最重要的是利用这些信息帮助你的团队成员和其他员工取得成功。

这里有几个示例问题可以帮助你切入：

1. 如果想夸赞某位同事，你会说他或她给团队做出了哪些贡献，从而让学校变得更好?

2. 你对员工的3个期望是什么? 对自己有什么期望?

3. 有什么事是你一直想做，但却因害怕失败而没有做的?

4. 有什么方法可以让你成为更加卓有成效的校领导?

> **利用投资他人获得的信息，可以发现更多有用的人才，并培养一种出所有员工互帮互助以取得成功的文化。**

5. 你认为从别人那里学到的哪种做法，让你成为了更优秀的教育工作者或更好的自己?

利用花时间了解到的员工信息，讨论他们分别适合什么职位、能够提供什么、需要什么支持，以及他们如何支持组织中的其他人，以帮助他们成为最好的自己。换句话说，利用投资他人获得的信息，可以发现更多有用的人才，并培养出一种所有员工互帮互助以取得成功的文化。

打破教师不愿意学习的困境

多年来，教育工作者都处于孤立的状态——低着头，走自己的路；关着门，尽自己的力。不过这些年发生了很大变化。如今，相关人士鼓励教师敞开大门，让同事参观并观摩其课堂，鼓励合作、团队协作、共享数据，并共同为其学生和同事提供最大的支持。毕竟现在已经进入21世纪，在这个时代，如果还感到孤立，那就是个人的问题了。与同事和同行联系的方式比想象的还要多得多。社交媒体无疑是改变局面的功臣之一。与其他教育工作者和教育界人士（包括作家以及那些所谓的“专家”）接触、联系甚至对话，不再是一件困难的事情。然而，我们当中仍有一些人还像是活在1975年一样，并没有利用这个机会与其他人建立联系，以学习更多教学技能。对一些人来说，他们有点不适应现在的变化，也不想承认自己在挣扎；对另一些人来说，他们只是不知道自己有什么不了解的。有些人想要得到支持，但甚至不知道这种支持会是什么样的，就算已经给他们提供了支持，他们也不一定能意识到；另一些人担心别人评价自己或被他人扣上“不够格”的帽子，所以不愿意接受帮助；还有一些人，这么说吧，他们自认为什么都知道，所以不需要再学习了。那如何解决这一难题呢？在我看来，这总是要从学校和地区领导方面着手。

清除隐患，将学习推向新高度

为什么有的组织蓬勃发展，而有的却还在苦苦挣扎？在哪里出现断层了呢？毫无疑问，断层发生在顶层。最重要的一点，是学校和地区领导必须树立榜样，同样持续学习。就像我在本章前面所说的那样，他们不能要求别人做连他们自己都不愿意做的事情。如果领导者要求他人继续走持续学习的道路，自己却不这么做，就有可能失去下属的信任。毕竟，谁也不想追随一个只会喊口号却从不以身作则的人。“让我看看你是不是也想变得更好，而不要只是要求我”，这可能是如今学校里许多员工的共同诉求。如果这种做法开始渗透到一种文化中，那么平庸就会成为标准。

学校和地区领导必须树立榜样，同样持续学习。

另外，在一般文化中，我们一直依赖同一个人带头教学或分享学习经验。在《请马上停下来：让学校变得更好的39次暂停》(*Stop. Right. Now. The* 39 *Stops to Making Schools Better*)一书中，杰弗里·佐尔和我指出，当我们接触到同样优秀的人时，即便是最投入、最自豪的员工也能感受到这一点。这些人急于说“是”(或者可能因为害怕让别人失望而不愿意说“不”)，可能会发现自己在校内和校外都要承担额外的工作，从而造成疲劳和倦怠。

然而，透过现象看本质，依赖同一群人造成的问题亟待解决。渐渐地，学校里有人开始小声嘀咕，犯嘀咕的一般是那些没有被邀请的员工，这往往会使他们心生怨恨。消极情绪暗流涌动，不仅针对学校负责人，也针对一次又一次被选中的员工。这种职场上的嫉妒是真实存在的，并且很快就会导致与最初目标背道而驰的结果。以下是避免出现这些潜在问题的10种方法：

1. 认可组织中的每个人在教学和分享方面发挥领导作用的潜力；
2. 亲自邀请每个人参与教学和分享；

3. 为所有员工提供持续性培训，以提高他们的技能；

4. 将经验不足的人分配给经验丰富的人；

5. 允许员工在小组环境中分享，以帮助建立信心；

6. 将所有展示内容录像；

7. 支持积极的同伴反馈；

8. 明确对员工所期待的角色和责任；

9. 坚持信任所有员工，并提供持续的指导；

10. 为员工学习树立榜样，不要光说不练。

学校和地区领导花时间了解员工的才能和长处的同时，也就创建了一个领导者团体，这将他们的学习推向了新高度。这不仅是为了他们的员工，也是为了推动自己的学习进度，并最终对课堂学习产生积极影响。如果教师和员工能够精诚合作，那么学生的表现也会得到相应提升。通过为彼此学习，他们在技能方面自然会有所长进。他们知道自己不可能搞清楚一切，但这绝不会阻止他们想要变得更好。他们坚持以结构化和非结构化的方式共同工作。

> **学校和地区领导花时间了解员工的才能和长处的同时，也就创建了一个领导者团体，这将他们的学习推向了新高度。**

团队合作和持续改进文化的步骤

多年来，我在各种场合听到人们出于各种原因说过这样一句话：成功，从假装开始。这种观点认为，人应该表现出一种自信的感觉，而不是就接受自己的缺点和弱点。这种想法让我感到害怕，尤其是对于从事我们这样的职业的人来说，教育孩子始终应该保持诚实正直。如果说我们学到了什么的话，那便是人们不在乎你说什么，而是做了什么。而该如何做，是作为一个人和一名专业人员，建立信心和提升别人对自己信任感的关键。然而，对许多教育工作者来说，这方面仍然会带给他们焦虑和压力。感觉自己有能力完成一项工作并受到表扬，或是觉得自己无法按照预期的标准完成工作，如何平衡这两种感觉呢？我经常开玩笑说，校长不会要求与相关督学见面，说他们根本不知道自己在做什么。同样，没有一位教师打算在短期内与他们的校长进行这样的对话。那么，我们能做些什么来减少这种对成功的潜在威胁呢？首先问自己一个简单的问题：你愿意做些什么来帮助自己或员工变得更好？其实，你自己或任何其他员工都不能解决所有的问题（也不应该期望我们能做到），越早意识到这一点，就能越早回到正轨，这样就不必再假装知道了。

我记得自己曾被任命为一所学校的新校长，负责提高所有学生的学业成绩和表现。当时这所学校已成绩斐然，体育项目首屈一指，所以完成这项任务对我来说并不轻松。我知道为了做到这一点，需要全体教职工的真诚努力。但我很快意识到，期望他们一起工作是有难度的，特别是当时该校已经形成了相互保密和相互竞争的文化。为了坚持完成这项艰巨的任务，我需要向他们学习，而他们也需要互相学习，甚至向外校学习。为了将原有文化转变为一种重视团队合作和持续改进的文化，我建议采取以下几个步骤：

1. 员工之间共享数据，尤其是趋势数据，不仅要在彼此之间共享，而且要在整个学校共享。所有员工都对学生的成功起到了一定作用，所有人都值得颂扬。安排向教育委员会提交数据。

2. 为教师举办个人目标会议，讨论教学理念，提出以下关键问题：

（1）如何让所有学生参与到学习过程中，并激发他们进步的欲望，包括那些最初有抵触情绪的学生？

（2）除了考试成绩，如何衡量所有学生的学习能力是否有所提高?

（3）今年计划实施什么新策略来促使所有学生取得成功?

（4）今年将如何与同事合作来改善课堂管理、教学和/或评估?

（5）为了更好地帮助你实现目标，我需要了解什么，我们该如何合作?

3. 期望员工每3年和团队其他成员一起报名参加1次当地、该州或地区的研讨会或会议，为那些需要更多支持的人提供持续的培训。

4. 举办自己的会议，支持上下联系和协作。

5. 为行政人员和员工制定一个时间表，让他们参观同伴的课堂教学。一年最好至少进行4次。

6. 肯定员工的成绩。营造一种教师能够真诚祝贺同事的氛围。不能让员工因为担心同事对其有看法而害怕被认可。

7. 与员工共同建立线上与线下的支援网络。

要建立一种员工渴望相互学习的文化，首先要有意识地明确我们作为学校和地区领导的期望，但不能止步于此。学校领导必须带头与该区其他学校领导合作，并在可能的情况下与邻近的学校合作。长期以来，教师和校长都在孤立地工作，更愿意把好的方法留给自己（尤其是那些已被证明有效的做法），想以此超过他们的同事和姊妹学校。不过，这种情况正在发生改变，因为校长逐渐发现与同事一起分享和学习的好处，而且很多时候会从同事那里学到很多东西。

越是发现我们有能力对他人产生积极影响，我就越确信，我们从事的不仅是教与学的工作，我们也同样是在给他人做榜样。如果我们以身作则，就会激励其他人跟着这样做。我们要注意说话内容以及说话的方式，

> 我们从事的不仅是教与学的工作，我们也同样是在给他人做榜样。如果我们以身作则，就会激励其他人跟着这样做。

确保言行一致，清楚地表达期望，在结果不理想时相互帮助，这样我们就不必掌握所有技能和知识。如此一来，我们的首要任务是与员工站在一起，**了解**我们的同事，**为**同事而学习，并**向**同事学习。如果通过与他人的互动及合作，使别人看到了我们的真诚与谦逊，那么他们就不会认为我们只是“专家”了。

总之，希望任何人在成功之前不要假装自己已经做到了。

第4条

学习如何调控情商

萨尼·贝尔

刚当教师的时候，我对世界只有两种看法，要么对，要么错，不存在中间立场，并且我认为只有自己的观点是正确的。比如说，当时我班上有个学生，不管分给他什么任务，他都没有动力去完成，甚至都不想去尝试。需要独立完成某项作业时，他会在纸上涂鸦，或者胡乱写几个答案，一点都不努力。作为一名年轻的教师，这让我很受挫，因为我不知道该如何激励他，他这么做是明摆着不尊重我。现在回想起来，我觉得自己很可笑，当时的我竟然以为他的举动主要是针对我本人而不是出于他个人的原因。我真傻，竟然觉得自己那么重要，说不定是其他因素导致他对学习不上心。

在给他的一份作业评分后，我在上面写下这样的评语："别再偷懒了。"我以为这样可以激励他，进而他不努力的问题可以就此解决了。当时电子邮件刚流行不久，所以我没有收到该学生母亲对我长篇大论的抱怨，她打电话和我讨论了这个评语。不用说，她很不高兴，觉得我的评语太过分、太苛刻了。我没有理会她的担忧，反而很有戒心，回答说："懒惰只是暂时的，不会永远都这样。他可以更加努力呀。"天啊！作为两个孩子的母亲，要是我听到这种话该多伤心啊！真希望我当时能明白这个道理。虽然已经过去20多年了，但我还是为我那时的评语和说过的话而感到惭愧。如果时光能倒流，真希望我能重新和那位母亲对话，好好同那个学生交流。那个学生一直没有变得更努力，我也从来没能和他建立起关系。我对待他和他母亲的态度纯粹是为了宣泄自己的情绪，却从未考虑过他们对此事的看法。工作到现在，我发现最遗憾的是，像这样的情况在今天的学校里一再上演。

比如说，在我担任领导期间，我发现有些教师害怕与学生家长打交道。当某个学生的情况引起我的注意时，我问的第一件事是："你打电话给学生家长时，他们怎么说？"超过90%的回答是，"我没给他们打过电话"。当与全美各地其他学校的领导交谈时，我经常会被问到："如何应对与员工、家长的不快对话，或者如何协调同事之间的关系？"为什么教育工作者在这方面举步维艰？这项工作与教学没有直接关系，但能够处理这种棘手的对话对我们每天的工作非常重要。

为何这些挑战如此难以应对？因为这关乎着情感。我们在学校里所做的一切事情都与人际关系有关。这其实不是教育工作者的本职工作，所以他们会感到焦虑。作为教育工作者，我们学过如何教学和评估自己的学科，但我们大多数人都没有学习过如何有效与他人合作。我在教师和领导能力的培训课程中学到了很多知识，但在我多年的学习经历中，有一个领域我从来没关注过，那就是如何有效地利用情商。情商对于天然存在于校园中的人际关系是至关重要的。我们把大部分时间花在学习学科内容与获得教育学知识和技能上，以便给学生上课。但我们很少花时间去培养软技能，这些技能是无法通过标准化考试、报告或论文衡量的。

教育工作者从事的是与人打交道的工作。与他人共事要想产生效果，就必须具备一定的能力和性情。学校几乎所有的工作都是由个人单独完成的，所以当需要与他人讨论时，可能会让人感到不舒服。其中一方或双方经常回避问题，从来没有进行过充分讨论，而这种对话恰恰是很有必要的。比如，一方发难，另一方退避，或者双方相互攻击。人们往往会谈论这个人，而不是和这个人就事论事。在许多人看来，默默忍受总比进行具有挑战性的对话来得更容易。

> **教育工作者从事的是与人打交道的工作。与他人共事要想产生效果，就必须具备一定的能力和性情。**

因为更多出于需求而不是好奇，我开始深入探讨这个话题。结果发现，驾驭具有挑战性的对话，存在两种障碍：一是情商低；二是缺少针对这种对话的计划或方法。追求卓越的教育工作者明白，为了让自己和他人继续成长，他们必须知道如何利用自己的情商建立有意义的人际关系。一旦我们意识到情商对工作的影响，这将有助于我们创建出一种工作和学习环境，这种环境会鼓励和促进紧密的联系。有了这些联系，我们才能建立蓬勃发展的组织。

> **追求卓越的教育工作者明白，为了让自己和他人继续成长，他们必须知道如何利用自己的情商建立有意义的人际关系。**

戈尔曼情商构成5要素

国际知名心理学家和作家丹·戈尔曼（Dan Goleman）对情商进行了数十年的深入研究，并得出结论：情商是区分一般领导者和杰出领导者的关键。1998年，戈尔曼在《哈佛商业评论》（*Harvard Business Review*）上发表了一篇权威文章，题为《什么造就了领导者》（*What Makes a Leader*），首次运用了“情商”（Emotional Intelligence）这一概念。戈尔曼认为，“真正高效的领导者还具有一定的情商，包括自我意识、自我调节、动机、同理心和社交技能”。此外他还发现，情商高的领导者表现出色，并能够取得非凡的成果。虽然后来出现了很多关于这个话题的文章，但戈尔曼依然是情商这方面的权威。具有一定情商的教育工作者更擅长与学生、家长和同事建立关系，更有能力应对具有挑战性的对话。虽然教育的技术层面对学校来说非常重要，但能够在工作中利用情商，对个人和团队的成功也很重要。以下是对戈尔曼情商构成要素的总结：

自我意识。自我意识就是能够了解和理解自身的感受。更重要的是，了解自己和自己对他人的影响有助于正确引导这些感受。有自我意识的人知道自身的局限性和优势，也不怕谈论自己的失败经历。正是由于这种自我意识，人会专注于如何最大限度地发挥自身潜力，并渴望从过去的错误和失败中吸取教训。

自我调节。高情商人士的另一特征是能够控制自己的情绪。他们知道如何抑制冲动和快速反应的欲望，这是自我调节的准则。此外，能够三思而后行是高情商人士的标志。这种人能够保持冷静，倾听各方意见，不会对变化感到焦虑或恐惧，这些都有助于他们有效应对变化。强大的自我调节能力使组织实现平衡，因此面对困难局面，人们认为领导者具有一股强大而稳定的力量。

动机。领导者如果能积极实现自己和他人设定的期望，说明他或她有很强的自我意识。这些领导者的内在动机来自他们的内在动力，而不是外在奖励。致力于组织成功的人会尽一切努力来帮助组织变得更好。他们对工作充满热情，会寻求创造性的解决方案来改变现状。他们对未来持乐观态度，把成功的标准定得很高，并表现出迎接挑战的坚定决心。

同理心。对于领导者来说，理解他人的观点是一项非常重要的技能。在做决策和与他人合作时，能够考虑他人的感受和经历，这有助于领导者培养员工个性，使团队变得更有活力。考虑他人的感受有助于领导者做出明智的决定，下属服从且认同这些决定，因为他们的感受和看法已得到认可和考虑。一个具有同理心的领导者会尽力去收集关于团队的信息，以确保为团队做出最好的决策。这么做并不是为了让每个人都高兴，而是要在做出决策之前，考虑到如何确保倾听并尊重每个人的心声。

社交技能。情商高的领导者利用他们的工作热情来影响和激励他人。他们明白建立关系和与他人合作取得成果的力量。这些领导者善于组建团队，他们的热情会鼓舞组织中的成员去实现更多的目标。

表 4.1　情商的构成

情商构成	定义	行为特征
自我意识	对自我和感受有较强的理解能力	自信； 了解优势所在； 愿意分享失败经历并从中学习
自我调节	能够控制情绪和反应	反思； 冷静； 情绪平衡

（续表）

情商构成	定义	行为特征
动机	获得结果的内在欲望	努力超越自己和他人设定的期望； 愿意做任何有助于组织成功的事情
同理心	从各个角度考虑问题	收集他人的反馈以做出明智的决策； 力图倾听所有心声
社交技能	与他人联系	与他人建立关系； 专注于团队建设； 具有影响力

资料来源：改编自丹尼尔·戈尔曼（Daniel Goleman）1998年的著作《什么造就了领导者》（*What Makes a Leader*）

了解情商的构成对于推动我们的学校向前发展具有重要意义。能够在自己的工作情境中展示这些技能的领导者，他们不仅能够取得个人的非凡成就，还能帮助他人和组织实现并超越目标。更重要的是，利用我们的情商，有助于有效应对具有挑战性的对话。

应对“杏仁核劫持”的管理策略

你是否曾遇到过难以接近的、不愿听取反馈意见的同伴？这可能让你很郁闷，感到很难在个人或专业层面上与这个人共事。虽然你完全可以解雇这个人，避免与他或她接触，但这对团队或组织来说并不是最好的办法。与难相处的人打交道或进行具有挑战性的对话时，具备一定情商的领导者会尽力控制自己的情绪。这并不是一件容易的事，需要通过自我反思和实践来培养。还记得你刚刚想到的那个难以接近的、不愿意听取任何意见的同事吗？真希望可以告诉你如何与那种人打

> 与难相处的人打交道或进行具有挑战性的对话时，具备一定情商的领导者会尽力控制自己的情绪。

交道，可惜我还需要进行一些研究。不过，我已经学会了如何管理当下的情绪，因为我知道这些情绪何时会控制大脑的逻辑功能。

当情绪似乎占据了上风时，你无法理性思考，“杏仁体劫持”（amygdala hijack）正在发生，也就是说你的大脑处于战斗或逃跑状态。“杏仁体劫持”这个术语是丹尼尔·戈尔曼在他1995年出版的名为《情商》的书中首创的。如果遇到情绪失控的情况，在做出反应之前，请考虑采用以下策略：

- **承认自己的情绪**。说出自己的感受有助于掌控自己的情绪，这样你就知道如何处理这些情绪。就算你不确定如何处理这些情绪，也可以将这些感受表达出来，只要了解自己的感受，就能够表达。例如，在与某位同事交谈后，你产生了一些负面情绪。这时不要对同事进行人身攻击或选择逃避，而要说，“我现在很烦，还不能把这件事处理好，让我再想想，改天再来找你”。表达完自己的感受后，离开那里，不要回头。给自己留些时间和空间去处理这些情绪，集中精神，为对话做准备。如果你能控制情绪，就是在积极应对这种情况，就不会再说一些难听的话，以至于进一步破坏与同事的关系，或者削弱自己作为领导者的影响力。
- **发挥停顿的力量**。面对情绪化的状况，沉默是金。什么都不说其实胜过万语千言。与其说些让自己后悔的话，不如什么都不说。比如，我曾与一些烦闷的家长打过几次交道。由于太过沮丧，他们想一口气把所有的忧虑和情绪都发泄出来。只要他们在发泄感情的时候没有说脏话，我就尽量默默倾听。他们说完后，我会先保持沉默，给他们一点时间，确保他们把需要说的话都说完，而我趁这段时间整理思绪，消化刚刚听到的所有内容。

- **多听少说**。情绪不佳时，许多人想做出的第一反应就是语言攻击。如果我们养成积极倾听的习惯，即倾听是为了理解，而不是为了回应，那么我们可能会真正思考对方所说的话。即使学习如何接收反馈不如给予反馈更重要，也应当是与其同样重要的。就像是莱维特（Levitt）在2019年说的那样："认真对待批评，但不针对个人。如果批评的话言之有理或有可取之处，那么试着从中学习；否则，就让这些批评远离自己。"倾听他人的想法可能会提供有价值的信息，帮助你更好地应对具有挑战性的对话。

情商高的领导者能很好地控制自己的情绪，做出反应时，能够保持冷静并利用同理心。愿意暂且抛开自己的情绪，关注他人的情绪，这有助于领导者理解对方接收到信息后可能会产生的情绪反应。如果领导者能够根据他人的反应来调整自己的态度，那么他们就能很好地处理棘手的对话，同时兼顾双方最佳利益。

在一场具有挑战性的对话中，最终结果应该是在某话题上保持中立，或者在某问题上保持一致。为了尊重别人的感受，可以试着问一些开放式的问题。探究性问题可以让他人深入地表达观点，这样你就有机会倾听和收集更多的信息。倾听时，不要觉得必须要对每个问题都做出回应。总结所听到的内容，有助于确定主题、问题和态度，以确保理解和一致。

> **适当管理情绪的长期效果肯定好于快速反应带来的短期满足感。要有耐心，追求持久的影响，而不是暂时的解决办法。**

如果我们能辨别自己的感受，并引导自己的情绪，不让情绪反应致使我们做出不适宜的行为，那么我们就是在为他人树立工作场合上的情商榜样。面对挑战，能控制自己情绪的领导者看起来十分坚毅，这也会增强下属们追随的信心。此外，情感健全的领导者还能营造出一种充满信任和公平的环境。适当管理情绪的长期效果肯定好于快速反应带来的短期满足感。要有耐心，追求持久的影响，而不是暂时的解决办法。

麦肯锡管理课程的高效沟通策略

作为校长，我经常不得不在员工之间进行调解。我们从事的是有关人的工作，所以我们作为领导者，处理的每件事都是有关个体和情绪的。我遇到过这么一件事，有两名员工办公的地方离得很近，但两年来他们没有说过一句话。听说这件事后，我感到很震惊，同时也觉得很悲哀，因为没有人采取任何措施来解决这个矛盾。在我注意到这件事后，这两名员工又产生了新的矛盾，差点闹到人力资源部和教师工会代表那里！我知道我必须对此做出迅速而又恰当的反应，所以我计划了这次对话。我知道如果这次对话进行得不顺利，我就得在这上面花费更多的时间和精力，这会让我无法投入到组织真正的工作中去。根据2019年麦肯锡管理课程中“掌握具有挑战性的对话”的观点，花时间计划和练习具有挑战性的对话可以让你灵活进入和退出对话。在计划调解会议时，为确保对话成功，我着重使用以下策略：

1. 为不适做准备。当进入潜在的情感对话中时，很重要的一点是，应该做好感受各种情绪的准备。这很正常，因为你正处于令人不适的场合，不知道结果会怎样。没有情绪反应可能是情商不佳的信号，这可能会使你做出不当反应。弄清楚这种不适后，记得表达自己的感受，并在评判他人时考虑运用同理心。

2. 确定目标。在对话开始前，需要清楚此次对话的目的。了解自己想得到的结果，这样做有助于你朝着目标方向组织对话。记住在实际对话开始时和整个过程中都要陈述目标，这样所有的参与者都能明白你想以哪种方式达成目标。

3. 确保双向对话。制定计划时，一定要促进双向对话。在计划中制定结构化的规则和协议，确保每次只有一个人发言。给参与者提供纸和笔，这样他们就可以记录自己发言时想要分享的内容。这样做也会减少打断对方讲话的冲动。如果双方违反谈话协议，可以考虑使用非语言提示。如有必要，可能还得用计时器来确保平均分配发言时间。

4. 预测意料之外的状况。调解冲突时，很有可能出现情绪激动、相互指责和大喊大叫的情况，因此要为应对各种情绪和反应做准备。知道这些情况发生时自己将采取什么措施，有助于为下一步做打算。如果不能让双方都冷静下来，可以做好休息一下甚至暂停对话的准备。如果我们没有为可能发生的事情做好应对计划，那就不要做出任何回应。

5. 场景角色扮演。通过角色扮演，可以想出更好的结果和解决方案。我建议找一个角色扮演的搭档，他或她可以帮助你想出对话的不同走向。不要创造剧本，而要更专注于制定一个灵活的大纲，给予空间和机会去适应任何情况。就像林格（Ringer）在2019年告诉我们的那样，“对话的艺术就像任何其他艺术一样，通过不断练习，你将掌握技巧，并且感到放松”。

我之前做过教练，在没有明确比赛计划的情况下，我不会参加任何比赛。我会尽我所能地了解对手，为比赛日可能发生的各种状况做好应对准备。就像教练不会让他或她的队员在没有做好准备的情况下参加比赛一样，也不该在没有准备和排练的情况下就进行具有挑战性的对话。那些准备和练习最多的人只是看起来好像根本没有计划过。

参与挑战性对话的策略

请设想一个需要进行的具有挑战性的对话，思考没有进行对话的所有原因：

害怕冲突？

害怕意见？

害怕破坏关系？

害怕对方斥责？

不确定如何解决问题？

不管是什么原因，重要的是克服恐惧，这样才能恰当参与到对话中。请考虑以下几点：

- 如果这个问题会带来困扰，那就进行对话。
- 如果看到这个人就忍不住想这个问题，那就进行对话。
- 如果抑止不住谈论这个问题，那就进行对话。

总而言之，如果你仍放不下这个问题，那就进行对话。参与具有挑战性的对话通常不是第一要务，但为了建立一种满足所有成员需求的蓬勃发展的文化，实现组织的目标，这样做又是必要的。

1. 直面挑战。当我必须和员工谈论某个问题或某种行为方式时，直面挑战对我来说绝对是正确的选择。教育演说家和作家托德 · 威特克尔教授说，领导者发现不当行为时，有责任将其指出。选择忽视会让领导者变成“同谋”，并让其他人感到不舒服（除了表现出这种行为的人）。想想看，如果无关紧要，为什么每个人都要做正确的事呢？不得不进行一场具有挑战性的对话时，最好的方法是直面挑战。回避问题会降低真正解决问题的概率，也延长了达到预期结果的时间。

例如，如果员工影响了整个团队的效率，那么你就有责任解决这个问题。多年前，我不得不在两名员工之间进行调解。几次调解会议过后，显然其中一名员工没有积极响应调解会议上讨论的解决方案。经过深思熟虑，我在年中做了人事变动，将这两名员工分开了。当然，这会扰乱课堂和日常安排，对搬离的员工肯定是不利的。当她得知自己要换地方时，她说：“我对此很不满意。”我的回答是，“咱们年年重复着同样的谈话，但你在行为上却没有任何改变，我对此也很不满意”。除了大胆应对这一挑战，我别无他法。已经没有理由再继续试图调解，否则隔三差五就得举行会议来讨论同一问题。

2. 清楚传达信息。在进行具有挑战性的对话时，要杜绝模棱两可，沟通的时候切记要清楚。如果是解决行为问题，一定要讲清楚这个人不要再做什么，要开始怎么做，不留任何解释的余地。要记住，你抨击的是行为，而不针对个人。

3. 重视友善与公平。仅仅因为必须和同事进行一场棘手的对话，并不意味着你就不能友善。人们通常以为，具有挑战性的对话意味着争论和攻击。其实你可以假定别人的出发点是好的，相信每个人都在尽力做到最好。以这种态度对待每一次对话，你就可以大大减少先入为主的想法，这些想法可

> 要想公正地对待他人，就不能被情绪左右，做出只满足自己情绪的决定。

能会对与他人打交道的方式和所做的决定产生负面影响。要想公正地对待他人，就不能被情绪左右，做出只满足自己情绪的决定；相反，坚持做出公平公正的决定吧。

利用情商的注意事项

继续研究开展棘手对话的可行方法吧。有了计划就像买了汽车保险一样，只有在该用到它的时候，它才会派上用场。如果没有保险，就无法做好应对意外的准备。同样，进行具有挑战性的对话时，没有适当的方法或计划也会如此。做好准备，因为这样的对话是不可避免的。现在就做好准备，今后就会更有信心。

智力水平只能带你走到这一步。如果不注重提高自己的情商，就不能充分发挥自身潜力。只有反思自己的情商，才能建立起真正的关系。开始思考自己的情商以及如何提高情商时，要考虑以下问题：

- 我对自己的看法和别人对我的看法一样吗？如果不一样，有何区别？
- 我需要在自己情商的哪些方面下功夫？
- 遇到挑战时，我能有效处理自己的情绪吗？如果不能，我可以做出什么改变？

只有展现真实的自我，表现出同理心，并愿意以有意义的方式与他人合作，才能与他人建立联系。为了讨论具有挑战性的话题，我们在对话中必须运用情商。具有自我意识有助于我们正视弱点。了解自己，才能更好地理解他人，并与他人合作。

第5条

学习平衡技术与生活

杰西卡·卡宾

学会把控学校生活和日常生活的节奏，这一点变得比以往任何时候都更为复杂。信息的浪潮正在高速地、不间断地向我们涌来。会议、电子邮件、通知、标签、推文、备忘录、帖子、评论、私信和谷歌环聊（Google Hangouts），这些仅仅是我们接收信息的方式。这些信息也是一种反馈，我们不仅可以将其应用于与他人的交流中，还能用其增强我们个人的专业知识，加强人际网络的构建。

这些信息裹挟着巨大的资源，但同时也潜伏着巨大的风险。我们什么时候开始变得太过于投入了？或者，一个更棘手的问题是："我们什么时候开始变得太过于沉迷手机里的信息，而忽视了与身边人面对面的交流？"我们什么时候会专注于手机上的信息？什么时候会关上手机？我们这样做的前提条件是什么？又是如何做到的呢？

第一代iPhone于2007年问世，想一想，那时你在做些什么呢？那时，你是怎么从一个地方到达另一个地方的？那年，你可能在阅读期刊文章？与其他教育工作者们沟通交流？也可能在分享家人的照片？科技极大地增强了我们在工作和生活中的实践能力，并不断向我们提供新的方法策略，从而让我们在不同生活视角之中，也能拥有掌控权。

无论是高科技、低科技还是零科技，我们所要学习的是，如何协调科技与日常生活。这样，它才不会消耗你的时间，将你的注意力从你所关注的信息中转移开。

在当今这样一个科技时代，我一直在努力寻找一种有价值的生活。然而，我经常会在科技与生活之间失去“平衡”，重蹈覆辙。但也正是这些失败，让我学会了如何在生活中更有目的、更有策略地运用科技。

几年前，我感觉科技并没有在为我的人生创造价值，而是在消耗我的人生。我的手机一天到晚嗡嗡响个不停，电子邮件呈倍数往上涨，每次我发出1封邮件，居然能收到3封回信！即便如此，我还是感觉自己离群索居，孤独寂寞。除了那些在我们学区与我共事的同事之外，我从不和其他领导联系。那时，我开始听播客，并了解到一款名为Voxer对讲机的应用程序，而且，我还知晓了教育者们是如何运用这款软件来相互交流联络的。我加入的第一个小组叫作“校长在行动”。当时，亚当·韦克尔（Adam Welcome）是这个小组的管理者。接着，我开始学习一些新的方法，以此营造一种积极向上的校园文化。其他校长分享他们在校园中所取得的成就和遇到的困难时，我也会仔细聆听。加入这个小组后不久，我又发现了一些其他的小组，我会加入其中，向其他人学习。接着，我就会在社交应用上关注这些人。在成为一名网络教育者的几个月后，我就感到不那么孤单了，而且对自己的工作更有激情了，也重新焕发出主宰自己生活的活力。之后的几年，我发现这些工具也能让我更轻松地进行面对面的交流和对话。来自“优秀教师的不同之处”会议的许多人都是我的朋友，一开始我们是虚拟的网络好友，后来，我们成为了现实生活中的朋友。我享受着互联网带来的“红利”，在工作中找到了一种全新的使命感。

当我继续探索社交媒体是如何提高我的实践能力时，我也开始觉得手机正在成为我最好的朋友。手机是我随身携带的东西，要是口袋或钱包里没有手机，我就会感到失魂落魄。我开始试图有意识地把自己从手机中解放出来。这样一来，我也有了更多时间和他人相处，而不会因为担心错过一条推文、短信、电子邮件、点赞或分享而分心、忧虑，成为一个“社交控”……好吧，你懂的。这时，我开始听播客，并使用“收件箱清零”[①]。这一软件可以让我给库特·里斯（Curt Rees）的播客添加书签，并每天收听，在自己的生活中将清空邮箱的行动付诸实践。

当我还是埃利斯中学的副校长时，iPhone问世还不到5年。我刚开始随身携带手机时，学生们不带手机，也很少会有工作人员带手机。大约10年之后，我以校长的身份回到那所中学，却遇到了技术过载的问题。学生们有智能手机、智能手表、AirPods无线耳机和一对一设备。然而，教育工作者们却在学习使用这些强大的工具方面落后了。为什么我们要求学生一整天都要把手机收起来，而作为成年人的我们却经常低头看手机，从而错过了与学生面对面交流的机会呢？我们不是要求学生们要和我们进行面对面交流的吗？我家里也有两个十几岁的男孩，我正在了解在运用技术中建立自我调节的重要性，并和孩子们探讨我们对于科技的应用。

我还学到了一点有关风水的知识，对手机进行管理，以提高效率、减

① 是一款电子邮件应用程序，旨在通过令人愉悦的滑动操作将收件箱清零。——译者注

> 为什么我们要求学生一整天都要把手机收起来，而作为成年人的我们却经常低头看手机，从而错过了与学生面对面交流的机会呢？我们不是要求学生们要和我们进行面对面交流的吗？

少杂乱。隐藏、删除和规划应用程序有助于保持有序，以便专注于手头的任务。通过整理手机，我更能判断什么是紧急或重要任务，什么任务（和应用程序）只是在消耗时间。

最后，我得到了一个教训，那就是疯狂地观看Netflix和点播电视节目会让你逃避任务、浪费时间，逐渐偏离生活轨道。那些情景对你来说是真的吗？在本章中，我们将分析科技在我们生活中的作用，以及我们怎么样、为什么、在何时、用什么来运用和掌控科技，从而提高我们的生活质量，而不仅仅是利用科技来填补生活的空白。这些都是艰难的讨论，也是需要考虑的重大问题。老实说，我还没有把这些全部弄清楚，但我愿意学习，并试着成为一个更优秀的校长、合伙人、家长和个人。

让我们来谈谈技术吧

你第一次使用电脑是什么时候？老实说，我高中时开始在打字机上学习键盘输入法。上大学之后，我开始用文字处理机，直到我工作了，才开始使用电脑。步入2019年，我们家里有台式机、笔记本电脑、iPhone、平板电脑、iPad，还有iPod。20年来，技术影响了我的日常生活、学习方式以及我与他人的联系方式。我刚开始使用电脑时，完全是为了工作。我用它写论文、为我的特殊教育学生创建视觉系统、写报告、给其他教师和校长发电子邮件。我认为电脑帮助我成为了一个更优秀的教育工作者。最终，我的家人也开始使用电子邮件。我发现这是一种更快捷、更方便的方式，让我与家人能够保持联系。拿到我的翻盖手机时，我正在爱荷华州工作，而我的家人住在威斯康星州。发短信成了一种轻松的方式，在工作日我们可以在不打扰别人工作的情况下与他人互通信息，同时我们也可以在晚上或周末聊天（还记得以前的数字计划吗？）。

现在，让我们来看看今天对于技术的应用吧。你通过发短信而不是面对面与他人交谈多久了？什么时候停止发送工作邮件？你是在学校发送邮件，还是到家继续工作发送邮件？虽然对我们大多数人来说，技术的使用和与他人联系的能力都在呈指数型增长，对科技的应用也会影响我们何时停止使用它。开始迈向这段减少技术利用、增加从事其他工作时间的旅程时，我拜访了我的主管，请求他允许我尝试这些做法。我担心他会回答“不可以”，但实际上他非常支持这项工作，因为他对我在凌晨3点、5点和晚上10点的电子邮件回复表示了担忧。我也想给别人喘息和休息的时间，所以我不会在工作日以外发送更新信息，工作人员也对我在这项工作中的坦率态度表示了赞赏，他们很高兴知道自己不必在晚上查看邮件。

给收件箱清零的技巧

> 情况是你的设备变成了面向任务的设备，而不是面向主观意愿：“好吧，我接下来需要做什么？”
>
> ——自媒体播客须知

从一名教师转变为一名行政管理人员，我注意到我的电子邮件的接收量和发送量都增加了。从之前每天收到20到30封来自我的主管、其他教师和家长的电子邮件，到现在每天能收到80到100封的电子邮件，这还仅是我的工作账户。我的准则是成为独当一面的领导者，而不是坐在办公椅上的小职员，我不想整天被绑在手机和电脑上回复邮件。我还注意到，一旦我发出1封电子邮件，似乎会有3封回信返回。为了找到更好的方法，我联系了库特·里斯，并且收听了他在PrincipalPLN上的播客。听完他是如何掌握收件箱清零的技巧后，我为自己电子邮件的使用和交流制定了一些规则：

1. 不要浏览。设置阅读/回复电子邮件的特定时间。我倾向于把时间定在早上7:30（上班的时候），上午10点，还有下午的3点。不在这些时间点，我就不去管它，不去看它。我会将我的精力集中在课堂上、谈话中，甚至放到操场的玩乐上。如果够勇敢的话，就把手机里的电子邮件软件卸载。这一点帮了我很大的忙，让我不用一天到晚"盯着"电子邮件看。

2. 尽量不要重复点击收件箱。一旦打开一封电子邮件，你要认识到以下几点：

① **做点什么**。要么回复对方，要么给他或她打个电话，或者走到大厅里和对方谈谈。

② **委托给别人**。这件事是只有你才能做吗？还是说有其他人也可以做？他们具备更优秀的技能，对情况有更深入的理解。寻求帮助，提升他人的影响力，让你有更多的时间去完成只有自己才能完成的任务。

③ **删除**。转发的电子邮件、促销传单、同事发来的最新法律法规。根据需要阅读，阅读后删除，根据需要坚持。

④ **邮件不是你的任务清单**。最后期限和时间节点即将到来？需要更多时间和信息才能回复的电子邮件？有时你坐下来，按照制定的时间表为收件箱清零时，却无法回复或处理电子邮件。这时，利用创建系统或电子邮件应用程序来提高效率可以帮助你保持条理清晰和收件箱整洁。我会安

排日历上的行程，并把邮件放在备注部分，以便日后提醒。像todoist（待办事项列表应用）和polymail（电子邮件管理工具）这样的应用程序有助于保持邮件的有序，而无需将它们复制并粘贴到日程安排中去。

通过设定以上关于电子邮件的使用和交流规则，避免了收件箱成为待办事项的黑洞，并且，你可以更及时地与他人沟通。

极简主屏幕原则

巴甫洛夫把食物和铃铛联系在一起；我们似乎把人情和手机联系在一起。我们可能不会在每次铃声响的时候垂涎三尺，但我们的大脑肯定会对此做出反应。

——拉里 · D. 罗森博士（Dr. Larry D. Rosen）

《我们都变成巴甫洛夫的狗了吗？》

我们很忙碌，日程总是排得满满当当，仿佛要从我们的电脑屏幕和手机里溢出。主屏幕上堆满了通知、应用程序和文件，一天里只要我们有一点空闲时间，甚至不需要使用它们时，它们也可以随意侵占我们的设备。通过清理电脑和手机屏幕，会减少我们看到消息做出反应的时间，并且我们会更加专注于为什么以及在何时使用手机和电脑，从而拥有更多进行面对面交流的时间，这为我们增加了处在低技术环境的时间。

1. 你真的需要那个应用程序吗？盘点一下你所拥有的东西，真的需要的话，再保留它。最近，在一次“数码排毒”[①]活动中，我删除了

① 指选择到没有无线网络的地方度假。——编者注

Instagram、Facebook、Snapchat[①]、Twitter、Voxer对讲机和我的家庭电子邮件账户。然后在接下来的几周里，我发现我以前花在浏览这些应用程序上的时间可以用来做其他事情。

2. 关闭通知。进入设置并关闭应用程序和电子邮件的所有通知。没有了持续的嗡嗡声或提示音，有利于避免频繁检查你的电脑或手机，并帮助你将注意力集中在听到这些嗡嗡声、哔哔声或铃声之前正在做的事情上。

3. 管理应用程序。在我的手机上，有一个名为“专注”的文件夹，我所有的应用程序都在这个文件夹中，它在我手机的第2个主屏幕上。这个文件中的所有程序都没有开启通知和提醒，所以当我打开手机时，看到的只是我最喜欢的人——这强烈地提醒我：“真的需要马上确认这个吗？”

4. 你的重点是什么？我在一次研讨会上曾经提出了一个挑战，让参与者改变他们的主屏幕，使其与改变的动机相符合。参与者浏览了他们的照片软件，并将主屏幕切换成了家人的照片。当你所关注的事物在视线范

① 一个照片分享应用。——译者注

围内，并且它是滑开屏幕时看到的第一件事物时，它就会给你一点额外的动力，让你在设备上工作时保持专注。它提醒你，一旦完成就马上离开，给了你回到现实生活中的理由。

浏览社交媒体的策略

少做，然后沉迷其中。

——莫顿·T. 汉森（Morten T. Hansen）

《玩转工作》

你有没有过登录Twitter、Pinterest、Facebook或其他社交应用软件，只想查看一件事，然后发现30分钟过去了？即时满足、查看状态、查阅点赞、找到有趣的文章……这样消耗时间的事情不胜枚举。与此同时，我们的生产力也在不断下降。如果能够有目的地使用互联网和社交媒体，它们就可以成为信息、想法和协作的重要来源。然而，用来消磨时间、闲聊、冲浪或浏览时，它们就是无用的深渊。

在卡尔·纽波特（Cal Newport）的书《深度工作》中，他为我们分享了深度工作的策略。猜猜看常见的干扰都是什么？那就是查看电子邮件和社交媒体网站、听音乐、看电视。你有多少次原本在电脑上做着一件事，然后被一封电子邮件或一个社交媒体网站所吸引，结果却忘记了时间，或者忘记了当初为什么要登录电脑？请确保具有目的性和时间感，这是提高工作和生活效率的关键。

1. 设定一个计时器，排除干扰。说真的，在写本章时，我在手机上设置了90分钟的计时器，然后把手机放在房间的另一端。电脑上的所有提醒和通知都关闭了（Wi-Fi也关闭了），然后我就开始工作了。我知道我可能会陷在某个项目里，所以需要一个计时器来帮助我记录时间，让大脑休息一下（留出无需注视屏幕的休息时间）。

> **请确保具有意图性和时间感，这是提高工作和生活效率的关键。**

2. 严格控制应用程序的使用。空闲下来时，你会发现自己很难做到不看社交应用。试着把它从手机上卸载，这样如果真的需要查看某人的状态，就必须在电脑上完成。在手机里利用文件夹系统，把所有的软件都放到一个文件夹时，我真的必须很努力才能找到我要找的应用程序。这增加的几秒钟帮助我决定，是必须要把照片上传还是直接保存到我的相机里。

3. 方便还是关键？仅仅因为其他人都在阅读、分享或点击它，并不意味着你也必须这么做。登录查看你的家人和朋友的状态时，不要点击弹出的窗口、文章或帖子，这些会影响你使用社交媒体的初衷。停止冲浪和浏览，开始针对特定的目的进行推敲和搜寻。

媒体内容的日消耗量

> 不仅要关注他们采用什么技术，还要关注他们如何使用这些技术。
>
> ——卡尔·纽波特（Cal Newport）
>
> 《数字极简主义》

我第一次接触电视的经历是这样的，家里当时有一台电视，想换频道时，必须走过去切换（1976年的谷歌电视）。看电视就像干活一样。家里只有一台电视，而我还有一个弟弟，所以谈判成了我们成长过程中常用的策略。后来，我们买了一台录像机，可以录制一个节目。不过，节目要开始时，还需要在家里按一下按钮。或者在离开前就得开始记录，所以有时为了看到你想看的30分钟节目，不得不把你不想看的节目快进几个小时。

哇，现在不一样了。

今天，你可以随时利用流式传输、记录，在任何时间搜索谷歌并观看点播任何内容。但是，这种方便的消费也会导致花数小时去看那些你本不需要看的东西。网络分散了我们的注意力，让我们不知道需要做什么，我们应该花时间跟谁相处。例如，我有两个选择：编写这一章内容，或者在Netflix上看最后一季的《富家穷路》。虽然两者都是令人愉快的，但你可以等等再看，或者只看一部分。

1. 变成生产力：想观看的节目 VS 需要做的事。虽然停工和休息对于保持平衡是必要的，但重要的是我们要知道怎样放松、什么时候放松、花多少时间放松。用你最喜欢的节目作为强化你完成其他任务的动力。

2. 设定限制。准备欣赏你最喜欢的节目或一部电影时，提前决定要看多少集或者要坐着看多少时间。提前知道要看多久，会让你更容易停下来。

3. 不单独活动。试着和家人一起看电视或电影。我和大儿子有一部最喜欢的Netflix系列连续剧，每年夏天我们都耐心等待它的播出。我和小儿子总是一起去看最新的《复仇者联盟》电影。我和丈夫有空的时候喜欢看《房屋翻新》。找到对你和家人、朋友来说都愉快的事情，可以让一个曾经孤立的活动变成一起享受的事情。

克服社交疲劳症，重获宁静的方法

> 在我的所有研究中，有一点是清楚的：我们渴望反思的时间；我们寻求平衡；我们想要一种充满快乐和好奇的生活。
>
> ——马努什·佐莫罗迪（Manoush Zomorodi）
>
> 《无聊与辉煌》

正念、冥想、阅读、思考和联系，这些活动在更多地方得到了越来越多的讨论。不同领域的优秀员工都在寻找方法，脱离他们的电子设备，投入到能让他们有时间思考、放松和探索自己想法的活动中去。厌倦是与我们所处的消费文化背道而驰的。当通过电子设备进行必应（Bing）、潜水、点赞、拼图和浏览成为普遍做法时，摆脱并离开它们似乎对我们的职业生涯不那么有成效，也不那么有帮助。要开始减少技术干扰、增加从事其他工作的时间，你可以采取以下做法：

1. 出去走走。在刚刚过去的这个夏天，我花了90分钟的时间来弄清楚为什么一个专项课程没有排在主课程表上。我很沮丧，放下了电脑，在校园里走来走去，摆脱了技术的干扰。不到10分钟，我就想出了3个不同的办法来解决这个问题，但没有1个是我盯着电脑想到的。远离技术，哪怕只是10分钟，也能让你的眼睛休息一下，让你的大脑有时间独立思考。

2. 冥想。Calm是一款引导你进行冥想的应用程序。对我来说，我用Peleton这一软件来进行冥想和做一些修复瑜伽（也就是“助眠瑜伽”）。从一天中抽出哪怕5分钟来放慢脚步，让你的情绪状态平静下来，大脑放慢节奏，这会提高你日常活动的效率和幸福感。

3. 走老路。想办法解决问题？在家里或者在学校设定一个大目标？试着用笔和纸把它写出来。有研究表明，把想法写下来有助于我们坚持下去，而且这种方法会比打字更让我们专注。

告别超负荷使用技术的10种方法

为了养成良好的习惯，我们要尽量少摔跤。

——格雷琴 · 鲁宾（Gretchen Rubin）

《比从前更好》

正如前面所提到的，开始这段减少技术干扰、增加从事其他工作时间的旅程时，我拜访了我的主管，请求他们允许我尝试这些做法。上面描述的这些做法对我的日常习惯产生了巨大且积极的影响。我希望它们也能引起你的注意。准备好出发了吗？接下来我将为你介绍10种方法，进而你就可以开始这段旅程：与手机说再见，远离电脑，重新开始生活，找到激情，每天都有意识地主动与他人交流。

1. 关闭。关闭通知、嗡嗡声和哔哔声。

2. 创建系统、提高效率。让时间为你工作，而不是你为时间工作。使用Tweetdeck[①]安排帖子和推文。IFTTT[②]非常适合将一个帖子发送到多个平台。Boomerang可以帮你管理你的邮件，有时如果你不想被打扰，它甚至可以让邮箱“休眠”。Unroll me有助于清理收件箱以及所有不想要或不需要的订阅。

3. 买个闹钟。不要让手机成为你睡前用的最后一件东西、早上用的第一件东西，和整夜检查的东西。

4. 设定界限并与他人沟通。远离电子设备几天后，创建外出提醒。如果把电子邮件从手机里卸载了，请告诉你的员工和主管，以及你可用的联系方式。

5. 重温初衷。坐下来上网时，记住你的目的并设置一个定时提醒，以便登录网站后，帮助你对工作负责。

6. 用现有的模型来支持学生和孩子们对技术的应用。诸如观看影片，比如那些为儿童使用技术提供了资源和见解的影片。剧透提醒：他们分享的策略对成年人来说也卓有成效。

7. 计划定期脱离电子设备的时间。每天抽出时间把手机留在办公室或其他房间，或者将其关闭。定期安排远离技术的时间，这样就可以全身心投入到项目以及朋友和家人的交往中。

---

① 管理Twitter账户的社交媒体工具。——译者注

② 是“if this then that”的缩写，事实上是让你的网络行为能够引发连锁反应，让你使用更为方便，其宗旨是让互联网为你服务。IFTTT网站旨在帮助人们利用网站的开放API，将Facebook、Twitter等各个应用或网站相衔接，完成任务。——编者注

8. 准备出场。请安排你的空闲时间。这听起来很傻，但备注在日历上的都是重要事项。把你计划要听的书下载下来，这样打算放松的时候，你就不会在手机上一心多用了。如果你在冥想，请找一个不会让你分心的地方。

9. 清理精简。从手机中删除应用程序，创建文件夹，并努力让主屏幕井井有条。如果主屏幕上显示的是一张对你来说很重要的图片，那么效果就更好了。

10. 进行数码排毒。找个周末把手机留在家里。回来时，可以努力根据需要逐步使用应用程序和技术。问自己，为什么要把手机翻出来并使用那个特定的应用程序。

依赖可提醒你的人

对我来说，这段旅程仍在继续。我可以为使用科技设定一些习惯和仪式，然而计划中总会出现一些问题——新工作、新压力源、新项目到期日。然后我又回到了以前的状态，或者反而不如从前，恶习和超负荷的技术时间又回来了。

对我来说，这很好地提醒了我。我在什么时候使用技术，又是在多大程度上使用技术，花了多少时间陪伴我的朋友和家人。如果你的伴侣或者你十几岁的儿子很有责任感，那么他们可以帮你记住你使用技术的原因，并及时提醒你。

虽然技术仍旧在我们的生活中发挥着巨大的作用，并为我们提供了前所未有的机会和途径，但使用它时，请确保你始终坐在驾驶座上。

第6条

学习先基于标准学习，再基于标准评分

加内特·希尔曼

我有两个儿子，已经从事音乐行业好几年了，他们俩从一开始就知道，要学音乐的话应该朝哪个方向努力。他们学习了音阶，然后开始弹奏入门歌曲，后来学会了弹奏一些更加复杂的曲子。我和小儿子探讨过他们是怎样学会演奏这些复杂曲子的，他告诉我，在学习一首新的作品之前，指导教师会给学生们发放这首作品的乐谱，然后播放这首曲子给他们听，这样他们就能听出这首曲子是如何演奏的。他们听完后要先自己看谱弹一遍，然后继续练习前15—20小节。他们就是按照这个流程来练习这首曲子，直到练完全部。接着，他们开始每次只练习半首曲子，最后再练习整首曲子。经过上述持续不断的练习后，最终演奏成熟，才可能去参加比赛，在节日和音乐会上进行演奏表演。这就是一个基于标准学习的最佳例子。学生们知道在观众面前演奏这首曲子就是他们学习演奏的最终评估形式。所以，他们在拿到乐谱听完录音之后，就确定了最终目标的演奏听起来应该是什么样子的。然后，指导教师通过评估和反馈来引导学生们完成练习过程，达到熟练掌握的程度。教师所要求的标准或最终目标是很明确的，练到熟练的过程也是很顺利的，但学习才是每天的重点，这就是基于标准的学习课堂所反映出来的学习模式。

建立基于标准的学习环境

在我当班主任的那些年里，大部分时间我都和9年级的学生在一起。我们在课堂上的对话都与成绩有关：这个算几分？这个算分吗？如果我不这么做的话，对我的成绩会有什么影响吗？我意识到太多的时间都浪费在与学习本身无关的对话上。学生们首先考虑的是成绩，其次才是学习。那一刻，我很想做出改变。我们应该调整顺序，把学习放在首位。因此，我的课堂实践开始发生了变化：我确保我们所做的一切都符合标准，而且让学生们都清楚这些标准。一旦他们明确了我们的目标，就更容易看到学习和技能培养之间的关联。在我过渡到以标准为基础的学习和评分系统后，我发现切实的反馈意见比作业和考试中A、B、C、D的评分等级或分数要更重要。

目前，在与全美各地的教育从业者一起工作的过程中，我有幸发表过关于评估和评分实践主题的演讲。教育系统内部一直在不断推动评估实践的改进，尽可能确保分数是有意义的。许多次会议中，我都会提出两个问题：划分评分等级的目的是什么？我们划分评分等级是为了谁？对于第一个问题，我得到了各种各样的答案，大多数回答都是为了沟通、提供反馈和对学生进行评价。虽然其中有细微的差别，但总体上教师们的答案还是相当一致的。对于第二个问题，最常见的答案是为了家长、为了学生、为了学生们下一个阶段将要就读的学校（小学到中学、中学到高等院校）。我发现大多数教师不会认为划分评分等级也是为了他们自己，即使这样认为了，他们也不会觉得划分评分等级首先就是为了他们自己。

评分并不是大多数教师想要关注的事情，这更多的是他们工作职责中一项必要任务。作为一名教师，就我个人而言，我认为这种说法是正确的。我进入教育行业不是因为我想批改试卷、给各项测验和评估项目打分。我之前从事教学工作（现在仍然教授成人学习）是因为我关心学生、关心他们的学习情况。刚刚提到的第二个问题很关键，如果成绩对家长和学生们来说很重要，并且可能会决定孩子们下一阶段接受教育的学校的话，那么很明显，提供准确的成绩是有必要的。提高成绩的准确性实际上可以通过简化评分过程来实现。随着时间的推移，评分已经成为一个复杂的过程，其中包括计分、权衡作业和评估、计算平均分等。这一过程不仅让学生和家长们难以理解，也给教师们带来了时间上的负担。传统的评分等级要考量各种各样的内容，从学术成绩到行为表现，再到个人成长，所有这些加在一起才会得到一个代表评分等级的字母或数字。如果你的目标是提高准确性，让评分成绩表达的内容有意义，那么“少即是多”。以标准为基础的评分规则简化了这一过程，因为这种评分规则中只需考虑学术成绩。评分过程以基于标准的学习为指导，在这一过程中学术成绩信息会收录其中。成绩的评定（成绩水平）与这一评定背后的系统一样精确。

这种评定需要有意义的和准确的成绩，而用传统的评分办法评定出来的成绩可能会夸大或缩水。因此，一个新平台得以创造出来。在新的平台上，诸如修得额外学分、读完几个年级的课程和因迟交作业而受罚等行为都可以通过重新评估和行为报告体现出来，与学术成绩分开。

以标准为导向的学习使所有的实践、教学和评估与学术标准保持一致，其核心是通过这种调整、有针对性的反馈和再评估，让学生可以最大限度地学习。通过这一过程，评分成绩能够更准确地反映每个学生在特定时间内的学业成果。这些标准被划分为清晰的学习目标后，要向学生解释明白，这些是掌握标准后所制定的，是日常课堂教学、实践和成长评估的基础。像这样的成绩是由总结性评估数据推算出来的，能传达出有意义的信息，并且这种信息也很容易理解。评分的方式并不神秘——基于学生达到标准的熟练度水平。不过，为了成功地过渡到以标准为基础的评分方法，以标准为基础的学习必须是首要重点。

评分方法的改变应该是以学习、评估和反馈为中心的课堂过程的自然流转。

评分方法的改变应该是以学习、评估和反馈为中心的课堂过程的自然流转。如果没有做到这一点，那以标准为基础的评分方法就只是流于表面。以标准为基础的学习才是有效地实现以标准为基础的评分方法的关键。

有时，有的人认为基于标准的评分方法仅仅是在成绩单上把评分等级的数字换成字母。从A、B、C、D到4、3、2、1的简单改变并不是实现以标准为基础的评分方法的举措，当然也不是实现以标准为基础的学习的行为。也就是说，符号上的变化并不代表着评分的做法发生改变。无论是用字母、数字还是单词来表示学生的学习水平都没有关系。重要的是，这些符号或其他表达方式在课堂上对教师和学生都意味着什么。如果用4分取代了A，但其中还考量了各种因素，包括行为表现和学业成就，那么它就不是一个基于标准的系统。如果A只代表学生在标准考量下的一个学业成就，那么这个评分系统从表面上来看可能还是传统形式的，但实质上确实是基于标准的评分方式。和我合作的许多学校已经从字母评分系统转变为4个等级的数字系统。这表明在实践中这种评分方式确实有所改变，而且形成了一个4级熟练程度量化表，而非5级。不过仍有其他学校（主要是中学），在向以标准为基础的学习和评分方式过渡时，仍保持字母评分系统。

如果从基于标准的学习过渡到基于标准的评分，那么在成功的基于标准的学习环境中推敲一些关键方面是很重要的。一旦明确了要与标准保持一致，评估依据就会拿来与那些标准进行比较，熟练度水平由预先确定的成功标准决定。在做好改变评分方法的准备工作后，以下几点将为建立基于标准的学习环境奠定基础：

- ◆ 课堂文化和学校文化要能为以标准为基础的各项做法和语言学习提供支持。
- ◆ 所有人要透彻地理解这些标准和学习目标。
- ◆ 日常课堂活动的核心在于评估要与标准一致。
- ◆ 要给出有效的反馈，从而告知教师和学生下一步的安排。
- ◆ 无论是用什么符号表示评分成绩，都要基于与标准相关的学业成绩。

建立“支持性”文化

作为教育工作者，我们的目标就是最大化地培养学生的学习能力。我们关心孩子们，关心他们的未来发展，也关心他们在学业、社交和情感方面的发展。正因如此，教师们知道与学生们建立关系，并把他们视为个体的重要性。人们通常想不到这些关系和基于标准的做法之间的联系，但它

> **如果要在课堂上或学校里建立一种学习文化，那么这种文化应该是以这个环境中的每个人的言行为指导依据的。教师和领导者必须敏锐地关注到学生们的学习情况，并确保他们的一言一行都符合他们关注的情况。**

们之间其实是相互支持的。基于标准的做法对注重学习和成长的文化起到支持作用。明确的标准和学习目标，以及有针对性的形成性评估和反馈，可以确保每个学生的需求都得到满足，同时也能尽力实现获得知识熟练度的总体目标。

如果要在课堂上或学校里建立一种学习文化，那么这种文化应该是以这个环境中的每个人的言行为指导依据的。教师和领导者必须敏锐地关注到学生们的学习情况，并确保他们的一言一行都符合他们关注的情况。学生们不但应该了解自己正在学习的知识和技能内容，而且也应该知道为什么这一学习是重要的。简单地说就是，以成绩为中心的对话会让人把注意力集中在成绩上，而以学习为中心的对话会让人专注于学习。“如何提高理解力和技能水平”的问题应该取代“如何达到某个成绩水平”的问题。在某些情况下，这说起来容易做起来难，但是教育工作者们必须带头来做这件事。学生们推动评分方法问题的解决，教育者们则推动学习问题的解决。学生们必须认识到，获得理想成绩水平（最终获得分数）的唯一途径就是收获知识、实践技能，反过来再将学习成果展示出来。

教师和学生使用的语言，无论是口头的还是非口头的，都对课堂的进行方式有着很大的影响。然而这也是帮助学生们理解他们要学习的知识最有力的话语。必须要认识到，学习对学生们来说不是一个选择，也不是任何人都无法达到的目标。课堂用语必须能够表明当前的学习熟练度在什么水平，并能指明下一步要达到什么程度。课堂用语应始终着眼于前方的道路，以帮助学生们看到前进的方法。能够反思当前的熟练程度水平，这一点是很重要的，但如果只是孤立地思考，那这种反思就会导致学习的停滞。学生们需要知道学习的过程中有许多“关卡”，而且学习的过程永远不会结束。在这之中，各个“关卡”检测的主题可能会改变，也可能会对同一主题进行更深入的探索，不过学生们得是终身学习者，学习过程中的活动和评估的任务显然会有首尾，但学习的过程是连续不断的。

对许多教师来说，基于标准的学习方法已经成为他们教学和课堂实践的一部分，只不过他们可能还没有以这样的角度来看待它们而已。正如格拉文（Glavin）在2014年所说，“自20世纪80年代末以来，美国的教育改革在很大程度上是由学术标准的制定所推动的，学术标准规定了学生们应该学习的内容和培养的能力”。学术标准为课程和教学决策提供了基本依据。教师们已经依据教学目标来进行每单元的教学，而学习目标则是建立在标准之上。他们致力于制定与标准一致的评估方式。这些显然都是基于标准的做法，只不过还需要有进一步的实践。

首先，所有形成性评估和总结性评估必须与标准紧密结合。评估工具与教学实践不一致是很容易出现的情况。例如，有一个教学方案可能不是很符合学术标准，不过在某个年级或某个知识领域已经实行了许多年。教师们放弃这个教学方案，或者对其加以修改，然后就可以得到一个有用的评估工具，而不是因为它存在已久就把它保留在课程中。不按照标准布置的作业或实施的评估，能多大程度证实教学的有效性呢？能证明的很有限吧。课堂上的时间相当宝贵，从学生们身上得到的依据要能清晰地反映出他们对知识熟练度的掌握水平。通过仔细检查他们的学习情况，教师们不仅可以确保评估与教学实践的一致性，还可以消除不一致的地方来节省时间。

反馈必须是有效的，也就是说，它必须与标准一致，并且是由学生行动所产生的。培养推动这一目标的课堂文化和学校文化是每个参与其中的人的责任。教师们可以清楚地向学生们解释什么是反馈，还要告诉他们如何以一种促进他们学习的方式来做出反馈。教学楼里工作的所有成年人不仅可以示范如何给出反馈，还能示范如何接受反馈。学生们可能需要对反馈的各个方面进行练习——诸如如何给出反馈，如何解释反馈，如何对反馈做出回应。这些是值得花时间去做的事，因为反馈对学习来说至关重要。要用个例来说明的话，体育、音乐或戏剧方面的例子对学生们来说是可以产生共鸣的，而且应该会对他们有用。比如一个运动员要是不练习、得不到练习反馈、不能根据反馈做出改进，那么他或者她就不会有提高。

学习永无止境的理念应该在各地传播。这不是一个学习是否会进行的问题，而是一种期望，即时间线虽然可能对于学生们来说因人而异，然而学习将会进行。

起支持作用的文化可以使所有这些行为成为规范。学生们会开始期待去领悟标准和目标。他们期待得到反馈，并且也知道如何根据反馈做出改进。不管是哪个学校的学生，无论在跟哪个教师对话，其目标就是学习。学生们应该了解他们正在学习的知识、培养的理解能力和技能。学习永无止境的理念应该在各地传播。这不是一个学习是否会进行的问题，而是一种期望，即时间线虽然可能对于学生们来说因人而异，然而学习将会进行。汤姆·席默尔（Tom Schimmer）指出，“即使评估结果显示学生尚未达到要求的知识熟练程度，他们也必须知道改进的方法”。当学习的文化形成时，学生们就知道成功是属于每个人的。希望取代了恐惧和冷漠。

给学生、教师和家长提供透明信息

基于标准的学习方法旨在向学生们澄清学习内容、论证这些内容的方法，以及知识掌握到什么样的熟练程度就算达到了标准水平。这些信息要提供给学生和教师，同样也要提供给家长。对于学生们来说，知道了自己的日标才会更容易实现它。表现出熟练掌握知识的方法不是什么秘密，前进的道路是平坦的。对教师们来说，这种教学实践与评估方法保持一致有助于简化这些过程。对于家长们来说，明确他们的孩子正在学习的知识和正在培养的技能，可以帮助他们与孩子和教师进行富有成效的对话。当家长们知道哪些技能是最重要的，以及孩子们需要做什么来呈现这些技能水平时，他们就能更好地帮助孩子。每个参与者的脑海中都有目标，然后开始这一教育过程，而提到评判知识熟练程度这个问题时，他们也知道评分的依据是什么。

追求信息透明度时，总要克服一些障碍。一个需要考虑的问题就是，将行为表现和学业成绩都纳入评分过程中会妨碍评分的透明度。在以标准为基础的环境中，学业成绩和行为表现都很重要，不过，学生的行为表现需要沟通来展现，学业成绩则需要用报告的形式来说明。对学生们的行为期望要解释得很清楚，正如解释学术标准那样，也要通过提供反馈，来促进其培养像守时、敬畏和负责这些在学习时应有的品质。无论是学业成绩、行为表现方面还是两者的结合，给出的任何反馈旨在帮助孩子们对于特定方面的学习形成自己的方法。行为表现和学业成绩交织在一起的话，像科学或三角学这种某个具体领域的考试成绩，就可能不仅基于与该领域相关的内容、技能和理解程度。若教师只是对某个知识领域的学习情况做出评价，那就不应体现这以外的东西。成绩考量的内容越多，其透明度就越低。仅仅根据标准考查知识掌握的熟练程度而得出成绩时，它就提供了有价值的信息，这种信息可以在许多方面使用。在整个转变为基于标准的评分之前，努力实现这种分离，会为有效传达孩子的整体情况奠定基础，也是给出更简洁明了的学习报告的前提。

另一个关于透明度需要考虑的问题就是对标准的解读。教师们单独推断这些标准的含义和成功对他们的意义时，可能会出现不一致的情况。因此，教学团队需要形成对这些标准的共同理解，以便在他们教的学生中提高评分者之间的可靠性。肯·奥康纳（Ken O’connor）认为，“教师们必须清楚地了解预期的学习结果是什么样子的，再根据这些学习目标制定评估和评分计划”。然后，将形成的这种共同理解传达给学生和家长们，这样在教师所教和对学生所学的期待之间就不会有落差了。对此只有教师是个例外。虽然有些教师在学校里没有教同一年级或同一课程的同事，但他们仍然可以与他人合作，并分享自己对标准的理解。与教其他年级、教相近学科的教师见面，或从其他学区寻找教同年级、教同学科知识的教师，来共同弄明白标准的含义和要求，这些都是很有帮助的。追求透明度一直都是教育工作者们的目标，而基于标准的学习和评估方法帮助他们实现了这一目标。

将评估定义为过程，成为课堂教学的核心

传统的评估会给学生带来恐惧和焦虑，它只能与大量的任务联系在一起，比如高风险的考试（课堂测验或标准化考试）或冗长的写作作业，而且如果表现不佳的话，还会受到严厉的处罚。在现实生活中，评估是课堂教学的一个常见方法，它包括非正式和正式等多种形式。如果将评估重新定义为一个过程而不是一次任务的话，那么我们对这方面的印象就会发生

变化。评估和学习是相辅相成的。评估可以用来进行评分划级，但也并非总是如此。一旦所有的事情都可以被评分划级，就都会变得风险颇高。诸如作弊、因合规才按时完成作业和争取每1分等行为也会随之出现。对学习本身的关注就会再次减少，而且伴随着对成绩的过分关注，所产生的相应行为也会让人非常不适。我们有时可以根据评估的熟练程度来确定一个等级或分数，但情况也不都是这样的，在某些情况下，教师给出反馈比仅仅打个分数反而更合适。这种做法通过评估和反馈传达出学习的重要性，不让学生仅仅看一眼评分等级的字母或数字就完事，而是考虑到让学生去关注反馈的内容。如果没有评分等级的字母或数字，那教师的反馈就很重要了。

学业成绩的有效性仅取决于用于确定熟练程度的评估方法和工具。随着时间的推移，大量的形成性评估依据应该能显示出学生在其技能培养和知识学习方面的进步。如果评估过程不能提供关于学生学习情况的准确信息，那么课堂时间就没有得到最佳利用。这样到了总结性评估时，我们并不能得到预期的结果，反而可能会得到一个惊吓。通过在整个形成过程中收集到的信息和学习证明，教师们应该对未来的总结性评价结果有一个很好的预测。当评估过程不一致时，即评估的内容不同于教授的内容，就会沦为“把柄”。标准既可以指导教学，也可以用来指导评估，所以学生们在进行总结性评估时应该确切地知道他们所需展示的知识技能水平。

虽然有些评估经验对学生来说是非常熟悉的，但也应该有至少同样多的评估手段是被学生们忽略了的。评估是每天都在课堂上进行的过程，教师们总是在收集学习的数据，以便了解现状来说明下一步的安排。无论教师们从评估中是获取更多的定量数据还是关于学习证明的定性信息，学生培养知识熟练度的进程都应该是显而易见的。学生们也通过在形成性过程中获得信息，越来越熟练地进行自我评估，以确定他们的学习程度和下一步的学习方向。各种各样的评估系统会根据标准产生有效的学习依据，这为看待其学业水平提供了最准确的视角，反过来，也提供了准确的成绩。

有效的评估方法可以帮助学生们建立信心，并赋予他们前进的力量。当评估工具完全一致时，它们成为了进一步提高学习熟练度的关键信息源。为了让学生们以这种方式看待评估结果，他们需要得到提醒，以标准来衡量所得到的成功差不多是什么样子的。学生们知道了这些之后，就能够看到自己成功的目标，并在此基础上继续努力，他们可以掌控自己的学习并积极参与其中。这就减少了学生们对评估的恐惧，因为他们开始把评估理解为一个过程而不是一次任务，它是用来收集学习依据的，而不是成绩单上不断出现的评价或分数。

高质量反馈学生，教会学生解读

与评估一样，如果反馈能够与之一致并有效传达出来，那它也是基于标准的学习环境中有力且必不可少的一部分。学生们通过反馈信息再学习，通过评估依据及其体现的学习情况，获得关于自己当前知识掌握的熟练程度的有价值的信息，来明确下一步的学习方向。这可以与大多数校外的学习经验相比较。例如，当我搬进第一所房子里时，我开始对蔬菜园种植感兴趣。我的目标（标准）是到夏末菜园里能长出青豆、黄瓜和西红柿。我开垦了一块地，接着又买了种子和种植工具，就开始播种。隔壁的邻居多年来一直从事园艺工作，我向她寻求帮助来获得反馈。她指导我需要多少水、如何

> 不仅需要我们定期把反馈传达给学生们，他们自己也要发挥重要作用。他们需要理解这些反馈信息并依据这些反馈来采取行动。

防止杂草丛生，以及如何让兔子远离植物。这样，我就可以通过菜园的成长情况（形成性评估过程）来评估我的技能水平，以确保长出来的蔬菜（最终评估）是我能产出的最好的蔬菜。我的学习是通过我得到的反馈信息和后续行动推进的，这种学习经验能应用到以后的夏季菜园种植中去。

课堂上的评估和反馈过程应该是这样的。不仅需要我们定期把反馈传达给学生们，他们自己也要发挥重要作用。他们需要理解这些反馈信息并依据这些反馈来采取行动。正如席默尔等人所说，“形成性评估识别出差距，而反馈信息则提供了缩小差距的后续步骤”。如果我没有根据邻居给我的反馈而采取行动，我的菜园就不会有任何改进，我在这方面的知识和技能储备也不会增加。在几个月的时间里，正因我们有了多次互动，我的技能和信心才得以提高。告别那个夏天时，我觉得自己已经为来年春天更深入地研究园艺工作做好了准备。所以，学生们也必须根据自己得到的简单明了的反馈来采取行动。否则他们的知识熟练程度就不会提高，教他们的教师（也可能是学生）的挫败感也会增加。如前所述，学生们要根据反馈来采取行动，这要成为学校文化和学习环境中理所当然的一部分。在基于标准的系统中，接收反馈、响应反馈并继续前进是常态化的且符合预期的行为。

基于标准的评分：学业成绩、行为表现、个人成长

基于标准的学习实践已经落实到位，那么基于标准的评分就可以实现其目标，即准确地显示出学生们的知识熟练度，这才是有意义的。教师们评分的重点是要依据标准，判断学生们的哪种情况符合标准。这种熟练程度的判定需要在一个单元的学习结束或者标记时期结束时进行，而不是在一段时间内平均计算。在传统的教学体系中，教师往往会在学完一个单元

后给至少大部分的学习实践打分，并把贯穿整个单元学习的评估情况算作期末成绩的一部分。这给教师带来了沉重的负担，也影响了学生的学习重点。教师做了太多的评分工作，可能会在无意间就把分数放在了比学习更重要的位置上。而在以标准为基础的体系中，成绩的数量减少，但这并不意味着削减了成绩的意义。事实上恰恰相反，如果最终成绩的唯一影响因素是与之一致的总结性评估测试所产生的数据，那么这个成绩就是学业成绩的准确体现。再说一遍，少即是多，把形成性分数、行为表现或个人成长添加到成绩中，会削弱成绩体现学生学习能力的有效性。

基于标准的评分将学生的信息分为三个不同的部分进行报告，使学业成绩、行为表现和个人成长可以分别体现，以对学生本人进行一个完整的描述。

所有这些都可以以不同的方式来报告，分别显示在基于标准的成绩单上，或者将学业成绩保留在成绩单上，关于行为表现和个人成长的信息则通过另一种表达方式来体现。

尽管基于标准的评分清晰简单，但也存在一些明显的问题。下面是一些可以帮助你克服这些问题的方法。需要记住的一点就是，应该将重点放在“我如何才能做到这一点”，而不是“我不能按照标准评分，因为……”上。

表 6.1　基于标准的学习和评分过程中的常见障碍

需要关注的问题	可能的解决方法
如果不评分，学生就不会完成形成性测试	为了让学生们参与到形成性的学习中，要确保所有的学习都与标准明确一致。如果学生们不清楚自己要做某件事的原因，通常会出现两种反应：要么学生出于遵守规定而做作业，要么他们认为作业不值得写，那就索性不写了。对于那些囿于传统评分体系里的学生们来说，可能还需要一些时间来理解作业是有价值的，而它的价值并不需要分数来证明。
孩子们会滥用重新评估这项规则。他们不会尽全力完成总结性评估测试，参加就是为了“想要看看这个评估考查的内容”，然后立即要求参加重新评估	只有在教师允许的情况下，学生们才能启用重新评估程序。清楚地列出允许学生参加重新评估的目的、进行重新评估的合理及其不合理的时机。如情况不符合要求的话，教师有权拒绝重新评估。学生们也必须知道，在重新评估之前，进行额外的学习是很有必要的。 另一个需要考虑的问题是，学生们应该从一开始就知道单元总结性评估要求考查的内容，这样便不会感到陌生或意外，因为“想要看看这个评估考查的内容”的愿望其实已经实现了。
人们对过渡到下一个阶段（小学到初中；初中到高中；高中到大学）的以标准为基础的学习和评分的担忧	为了确保学生们为下一个阶段的学习做好准备，他们必须在目前的年级和课堂实现学习的最大化。列出的这些标准指明了学生们要想在未来取得良好的表现，需要在1年内熟练掌握的知识技能。学生们的适应能力很强：如果在下一学习阶段有不同的评分系统，他们会去适应它。在传统的系统中，学生们每天都要应对多重评分系统。如果教师们知道在下一阶段使用的新评分方法，他们可以将其告知学生，但不要以牺牲他们知道的对学生当前阶段最有用的实践为代价。要确保学生们重视学习，而不是将重点放到与下一阶段可能进行的实践活动的结合上。

（续表）

需要关注的问题	可能的解决方法
如果行为表现不计入成绩，学生们将会出现不良行为	学生们来学校不仅仅是为了学习学术知识，还需要不断学习得体的行为，而后再不断练习！当这些行为没有达到教师或学校的期望时，学生们就需要得到额外的指导，并加以练习，就像学习任何学术技能一样。仅仅把这些行为表现情况算入学习成绩中，其实无法解决课堂上的行为表现问题。学习就是学习，不管是学什么样的技能，当你还没有学会某件事的时候，教师会教授给你。

先进行基于标准的学习，再建立基于标准的评分，这不仅仅是说将评分保存到总结性部分。重要的是重视学习而不是评分，还有尊重学习的方式。同样，基于标准的报告系统所要求的准确性，仅取决于支持该系统的基于标准的学习方法。重视标准与实践的一致性、指导和评估的一致性，认识到反馈信息的重要性，将行为表现、个人成长和学业成绩分开来看待，评分和报告的转变才是合乎逻辑的下一步。

第 7 条

学习营造以学生为中心的学习环境

凯拉·多恩菲尔德

我清楚地记得那时候我在教室里坐着，想到如果要满足我3年级所有学生的需要，那教室需要大修一下。在我教书的头7年里，我把学生们的课桌按我能想到的每一种排列方式都排过了，但在内心深处，我明白我还需要做出改变，学生们也需要一种改变。之前，在着手一些“认真写作”的工作时，我就像现在在咖啡厅里做事情的状态一样。这其实是没问题的。每当最后期限即将到来时，我需要尽量少分心，最大限度地提高工作能力，这时候我就会去星巴克。星巴克是让我感到快乐的工作场所，不仅仅因为这里有无限量的脱脂拿铁，这里还会播放平静的音乐，让我感觉自己就像待在家里的客厅一样。我在那里总能听到周围人们充满活力的嗡嗡声，他们在这里工作、聊天和说笑。环顾四周，就像我第一次看到周围这一切一样，我看着这里提供的所有不同类型的座位形式，有传统的硬椅子、长桌、双人工作桌、长凳和站立式桌子。我喜欢坐在舒适的软垫椅子上，旁边有1张大桌子，上面放着我所有的活页夹、笔记本电脑、手机，当然还有我的饮品。当我进入这个空间时，我的注意力会从观察星巴克的外观转移到如何将这里所有的一切应用到我的教室里。

那以后的几年里，所发生的一切确实改善了我们课堂教学的各个方面。我想到了灵活安排座次和重新设计教室的主意，然后这一想法很快传遍了全世界。事实证明，许多教师也和我一样，发觉到是时候需要做出彻底的改变了。灵活的座次并不意味着缺乏结构安排。我现在的教室比以前有更多的结构形式。当然，在课堂管理上，许多方面仍需要改进。不过这也是一段不可思议的“旅程”，虽然我觉得自己一直处于“测试”模式，但我很高兴能分享目前学到的一些东西。当然，本章内容并不会包罗万象涵盖所有，也不会给出教育方面的灵丹妙药。但我们作为专业人士都知道，适用于每堂课的方法是不同的。我希望我的文章能在这学年你实施新的教室设计时起到指导作用。

高灵活度的教室设计的好处

在我看来，今时今日“研究推广某物”和“证明某物是无效的”一样容易。我无法在一章中总结完大量的研究，所以我只重点讲几项我最喜欢的研究。我的学生们在这段“旅程”中所感受到的直接的好处有提高核心力量和改善姿态、改进整体健康和调整情绪、燃烧更多热量、提高新陈代谢、改善行为举止、提高学习成绩、增加积极性和参与度，等等。作为一名教育工作者，如果这都不能让你心跳加速、热血沸腾，我不知道还有什么能让你激动起来。我希望我的学生每天早上都能满怀激情地跑进学校，而不是只等着在一天结束时，迫不及待地想离开我，赶紧从那些相同的教室门里冲出来。

2000年国家训练实验室的一项研究表明，学生们坐在教室里听课时，只有5%的信息会保留在脑海里。相反，当一个学生去教其他学生时，他能记住80%的信息。2016年，斯蒂尔凯斯（Steelcase）资助了一项教育研究，该研究将安排布置座次的教室和支持积极灵活学习方式的教室进行了比较。结果着实令人吃惊！那些采取主动灵活学习方式的教室会促进主动的学习行为，进而鼓励学生们积极参与课堂活动。在改善物理空间后的新教室的影响下，教师和学生们都明显以更为积极的姿态投入到学习实践中去。大多数学生和教师称，这种新类型的教室有助于增强参与度、提高成绩预期、增加积极性和创造力，并在刺激度、舒适水平、丰富体验的创造和积极参与度等12个因素的评价等级上获得更高的评分。最后，2018年一项关于153个英国教室的研究显示，“灵活、受欢迎的空间对数学学习产生的巨大影响让人吃惊。73%的学生进步都归功于教室设计，这源于其灵活性，让学生感到对其具有所有权”。

把我们的教室安排得适于合作和共同工作，这比以往任何时候都重要。学生们应该拥有活跃的课堂、主动的选择权和积极与彼此分享的机会。

把我们的教室安排得适于合作和共同工作，这比以往任何时候都重要。学生们应该拥有活跃的课堂、主动的选择权和积极与彼此分享的机会。如果学生们还是被迫坐在传统的课桌旁听课，是不可能拥有这些的。

将学习空间改成"星巴克"的实用技巧

在星巴克待了一段时间后，我兴奋地与我的新校长进行商讨，对改变教室和方便学生们充满了希望，踌躇满志。我向他解释说，我想扔掉所有的课桌，摆脱指定的座次安排。我希望我的教室可以变成学生们自己选择座位的地方。他们也可以选择各种各样坐的东西，不管是球椅，还是可以躺的小地毯都可以。校长问我有什么科学研究可以支持这个想法，我说我在星巴克看到了这么做效果很好。他哈哈大笑，最终允许我试着推行一下。

关于这个话题，我们还有一点需要注意：当你准备推行灵活的座次安排或重新设计教室时，你可能会有所怀疑。不过，经过这么多年，我现在还在这里坚持这一做法而且它卓有成效，这就是你完全可以这么做的活生生的理由。现在有更多的研究支持灵活的座次安排，你可以将这种做法当作一种更好的模式，来帮助不同的学生用最佳的方式学习。

最佳做法就要从现在开始执行！你可以重新设计一间教室或者在学年内的任意时间点改造一间教室，不必非得等到一个光明灿烂的新学年到来之际才能做。还在等什么呢？

◆ **把你已有的东西列个清单**，为你想买的东西制订一个计划。不必去商店里买每一把豆袋椅或每一个抱枕。观察一下教室里已有的东西，哪些还可以在你的重新设计中用到呢？教室内的物品越丰富多样越好，因为没有两个学生的学习方式是完全相同的，他们喜欢的学习氛围也是不同的。你可能需要处理掉多余的桌子，包括学生用的课桌和教师用的讲桌，不过可以考虑一下另外搬一两张高点的桌子过来，让学生们可以站在桌子旁边学习。如果你的学生个子太高，站着学习不舒服，你可以花5美元购买一些床架，把它们垫到桌子下边抬高桌子。至少把1张桌子的桌腿伸展部分去掉，让学生们可以围着它坐在地板上，像在“咖啡桌”前学习一样。“把你已有的抱枕布置在周围，让学生们在学习时拿着写字板舒服地坐在地板上。”世界上存在着无穷无尽的可能性，而且尝试各种可能性也不是非得弄得倾家荡产。我会在清仓大拍卖中找课堂用具，给我的导读桌买5把相配的钢椅，每把只花了4美元。许多教师会在一个名为“donorschoose”的网站上发出项目提案来募集资金。灵活的座位安排项目是该网站上最受欢迎（也最容易受到资助）的项目请求之一。如果你是这个网站的新用户或者从来没有在这个网站上做过项目，我建议你从小处开始。可以先想几样你需要的小件教具，然后就从该网站买这些教具入手。

◆ **让你的教室更有家的感觉**。我设计教室时的主要目标之一就是确保学生们感到自在和被呵护。设计中所做的每一个决定都是为了让学生们感觉这里更像是第二个家，而不是一个学习机构。大量的研究表明，在工作场所种植室内植物是有益的。事实上，植物通常能减少疾病发病率、增加工作满意度、提高个人工作表现和提升身心健康状况。这种好处对于课堂上的学生们来说也适用。我喜欢在8月份去花店的清仓区买些植物带到教室，然后和学生们尽最大努力来确保它们能存活一整年。除了这些植物，我还会从家里带来几盏灯和一些沿天花板而挂的串灯。再加上从窗户上透进来的自然光，这样我们就不需要再买荧光灯来装饰了。最后，我要让学生们感到教室是属于他们自己的，就像我觉得教室是属于我的一样。我没有用讲桌，并且尽量避免自己以教师的身份出现在这里。之前很多年，我一直很喜欢用亮粉色和V形印花来装饰我的教室，如果你曾参观过，你会看到很多这样的图案和颜色。

> 最重要的一点是，不但要让学生们在教室里看到自己的名字，还要让他们体会到自己在这一空间里的存在感。

不过现在，你会看到的是中性色彩，不甚繁复的印花或图案。教室的墙上会挂着学生们的家庭照片，除此之外还有学生们自己的照片，这些照片装在8厘米×10厘米大小的相框里，上面还写着名人名言。最重要的一点是，不但要让学生们在教室里看到自己的名字，还要让他们体会到自己在这一空间里的存在感。

- **决定存放学习资料的地方**。学生们通常会在课桌里放很多东西。那么接下来是，你要考虑把他们所有的资料放在哪里。在我的教室里，学生们存放资料的方式各异，这取决于可用的存储空间和我的班级规模。我的一些教室有内置储物空间（碰上这种设置的教室简直是中了大奖！），不过有些教室还没有。在这些没有内置存储空间的教室里，我就开始发挥创造性思维了。我让学生们把笔记本或课本存放在房间周围的板条箱里。我又购买了9套立方体的贮藏组合设备，然后给每个学生分配一个立方体箱子来存放东西。后来，我还发现用10层的托盘推车放东西也很不错。总之，这没有完美的答案，只要你做的事有用，能让学生变得有条不紊就是对的，我们最不想看到的就是学生的资料扔在教室里到处都是。

- **确定你是否会利用社区用品**。在我的教室里，除了笔记本和文件夹，我们共享其他所有的用品。学生们所需要的一切物品就在他们所选的桌子上放着。大约10年前，我买了一些六格镀锌的野餐篮，特别好用，我们一直用到现在。社区用品对我来说很关键，因为它们有助于减少过渡到新教室的时间。我还相信，社区用品会逐渐培养起我们的同理心，因为我们共享这里一切的用品，就要有爱护它们的责任。不过我也从其他教师那里听说，他们更喜欢给每个学生一个铅笔袋，而不是用社区的用品。我认为这两种做法没有对错之分，只想再次强调一下，只要是对你和你的学生好的东西或方法，就可以尝试。
- **实施为期10天的发掘之旅**。我发现来我教室学习的学生往往不知道在哪里学习状态最佳。我认为这是因为学生们已经习惯于坐在课桌边面向前方，在教师指定的位置学习。学生们不会在教室里走来走去，他们也不会想坐哪儿就坐哪儿。还记得我之前说过，我的教室比以往的教室有更多的结构设计吗？灵活的座位安排带来的期望高、责任重，我的学生们从一开始就充分意识到了这一点。开学的第一天，我教室里的一切都井井有条。学生们进入教室后，在房间中央的地毯上找到一个座位。他们都坐下时，我从一张桌子边或座位上挪到另一边，向他们一一明确地解释在各个座位区域的学习目标是什么。等谈话一结束，我就让学生们选择他们想要尝试一整天的座位，并认真思考自己在这个座位上是否感到舒适、专注和高效。一天结束时，学生们要填写一份附加/德尔塔问责表（a plus/delta accountability form），以确定他们选择的座位是否适合他们。学生们第2天会选择一个完全不同的座位。这个过程会在我们的教室里重复10天。整个过程可能非常具有挑战性，因为你要在这个过程中发现学生们的亮点，同时也要找到学生们做得不好的地方。不过只要坚持下去，在一整个学年后你就会看到它的好处了。

◆ **共同制定课堂守则**。经过10天的探索，我又把学生们带回到地毯那里。我们回顾了之前说过的对灵活座次安排的所有期望，以及随之而来的巨大责任。学生们到目前为止也已经确定了至少3个最适合他们的座位。我向学生们解释说，要制定一个灵活座次安排的守则清单。守则是人们为了获得成功而遵循的社会可接受的准则。这与教师们强加的规则是截然不同的，后者是由教师预先决定，并没有学生们的参与或支持。我问学生们，他们还对我和他们彼此之间的灵活座次安排有什么要求。我们一起建立了一个以“我们同意”为开头的承诺列表，将列出的许多清单条款缩减到3到5项守则标准后，在清单下方签名，把它当协议来执行。学生们知道，如果他们违反了协议，可能随时被转移，离开现在这个座位，或按要求被分配座位。他们也知道他们可以选择学习的地方，但学习本身是他们必须要做的事。这里有一个例子，是我的学生们去年制定的一个规范守则：

我们同意：

1. 坐在我们可以高效学习的座位上。
2. 坐好，不干扰他人学习。
3. 如果需要的话，可以让教师调位子。
4. 与他人同行，用亲切的语言和人交谈。
5. 负责任。

◆ **制定解决问题的计划**。既然已经制定并签署了守则，那么就要去执行。你可以和学生们集思广益，讨论一下当教室里出现座位安排的问题时应该怎么解决。没有完美的学生，也没有完美的班级，你必须明白地教会他们解决问题的方法。对此我能给出的最好的校外的例子是，我想要星巴克那把又大又舒服的椅子和那张桌子来工作。如果我到的时候，有人正坐在“我的”座位上，我永远不会因为那个人坐在我喜欢的地方就让人家走开。我的学生们听到这儿通常会大笑，因为他们知道这么做有多傻。我还说有一次我在星巴克和另一位顾客走向了同一个座位。要是因为我要在那里工作，就让她再去找个座位，那就太不礼貌了。相反，我们作为成年人更多时候会稍等一会儿，这样那位顾客就可以先走一步坐在那里。我要求我的学生也这样做，他们在经过一些（好吧，其实是很多）练习之后，能够更加无私地与他人分享座位，而且也明白同学下一次会让他们坐在自己想要的座位上。我还为那些可能需要更具体解决办法的学生们设计了一个防故障系统——石头、剪刀、布。如果你赢了，不要洋洋得意、夸夸其谈。如果你输了，也不要发牢骚或满腹抱怨。这种方法经过年复一年的实践被证明是有效的。我也强烈建议你们，准备好的座位数要比学生的人数多。这样既减少了争抢座位的问题，也确保了在他们首选座位没有的情况下，还有很多可供选择的备选座位。

师生全学年改进教室的重点和计划

一旦你确定了推行灵活座次安排和实施与其相关的守则，让学生们可以自己选择座位，那么大部分繁重的工作就已经完成了。我保证将最初几周的时间花在责任落实和期望规划上是很值得的。在这一年余下的时间里，我会根据需要适时充当灵活座位协调人和教练来使其顺利进行。我们会根据需要来审视守则规范和期待目标，并在必要时对我们的教室做出改变。就像我之前提到的，这就好像我们的教室是处于“测试模式”。我们一直在测试，尝试让我们的空间流动起来，以满足我们的需求。随着学生们这一年的成长和改变，他们的需求也在发生变化。这有点像建造一架在空中飞行的飞机。

- **维持座位日常使用的计划**。我在社交媒体上经常被问到的一个问题是：是否允许学生全天换座位。在我的教室里，我允许学生们根据需要变换他们的学习地点。例如，我的班上有一个男孩，他在上数学课的时候站在桌子边上学得很好，但在独立阅读的时候，躺在地板上学得更好。我相信我的学生们会根据自己的需要做出选择。我也认为完全可以限制一部分学生的选择，因为他们面对太多的选择时可能会无措。虽然我不会在一早点名时就给学生们安排好教室里的固定座位，不过有些教师这么做也收获了不错的效果。如果你愿意在一天开始的时候分配好座位，那你总可以在这一天的晚些时候下放这项权力。不过要是反过来，先下放座位分配权力让学生们自己选择，而后再强制安排座位分配的话，那做起来往往要困难得多。
- **让学生们负责爱护学习空间**。正如你之前在我们的灵活座次安排守则中看到的那样，学生们承诺要负责任。这意味着虽然我们的教室里有很多东西，但也要确保空间是整洁有序的。除了独立阅读时间外，我们每隔15到20分钟就会从教室的各个站点过渡一次。每次每个学生离开座位时，都要确保及时把材料放回原位。

> 学生们很珍视得到如此多的自由，他们也很愿意接受这项任务，保持我们的学习空间整洁，让这个空间可以有效运转。

由于每个学生都在助力这个过程，并且大家共享每个座位，因此我很少需要提醒学生们要把纸屑带走或把椅子折起来。学生们很珍视得到如此多的自由，他们也很愿意接受这项任务，保持我们的学习空间整洁，让这个空间可以有效运转。

- **识别出学生们的亮点**。我们在3年级时有很多评估，我的目标是确保每个学生在我的课堂上能够绝对做好这些评估。有些学生喜欢站着考试，而另一些人喜欢蹦蹦跳跳，这有益于他们思考。学生们给过我一份清单，其中他们列出自己认为能够学德最好的3个地方。我根据这份清单为每个学生在测试期间制定了一个规划。这个规划涵盖了每个孩子的亮点。在这一年里，孩子们显现出的亮点一直保持不变，说明这种规划做到了与孩子们的特征保持一致，评估中显示的成绩也说明了这种做法会得到回报。在要求的评估中，我的学生们通常比全美学生平均水平高出1到3个等级，或者是比我所在州的学生平均水平高出30%。我认为这绝不是因为我是什么超级教师。事实恰恰相反，我相信我释放的权力越多，重新收回的力量也就越多。学生们被给予了选择权和责任，会成长得更好。神奇的事之所以会在他们身上发生，就在于我们合理地培养了他们身上显示出的亮点，学生们会

> 我相信我释放的权力越多，重新收回的力量也就越多。学生们被给予了选择权和责任，会成长得更好。

想要上学，会想兴奋地分享他们所学到的东西。

◆ **考虑实施工程设计过程**。就我个人而言，我非常提倡在课堂上动手学习和解决问题。我在年初的时候就会把教室布置好，好让我们的这一学年能够正常推进。不过1到10月份，我就开始把STEAM（科学、技术、工程、艺术和数学）课程、基于项目的学习方法和工程设计过程（EDP）纳入课程学习体系中。简而言之，学生们要先学会识别出问题和制约因素，然后再研究解决问题的多种途径。学生们会制订计划，尝试解决方案，再做更多的研究，然后重新制订计划……直到他们找到一个满意的解决方案。这个过程很快就变得非常流畅自然。我们一些教室的最佳位置设计，就是学生们完成了工程设计过程（EDP）课程、解决了灵活座次安排问题后才得来的。不要害怕问你的学生们想要什么，让他们勇敢尝试！

灵活座次安排的各界赞誉

我非常高兴能把这项权力归还给学生们，让他们找到可以让自己工作学习状态最佳的座位！我的学生们已经喜欢上灵活的座次安排。我很惊讶1年级的学生竟能找到最适合他们自己的座位！

——瑞秋·韦尔曼

南达科他州皮耶律的1年级教师

我最喜欢灵活座次安排的原因是孩子们非常喜欢它！他们喜欢选择不同的座位，可以在房间里自由移动，而不必非要在同一个座位上坐54分钟。与我之前的教室座位安排相比，这种灵活座次安排的教室更具有开放性，允许我和孩子们能够自如活动。

——威利·穆尼奥斯

亚利桑那州凤凰城的7、8年级美术教师

灵活的座次安排让我的学生们可以选择工作和学习的方式，选择那种既有助于保持注意力也利于维持对学习的热情的方式。关于如何对待自己教室的座位选择，我总是贯彻一套既定的目标。我会随着这一学年的推进而关注每个小组和每个学生的座位选择。

——詹姆斯·亨特

密苏里州波普勒布拉夫的6年级数学和科学教师

每天早上，我的学生们都会坐在家中固定的座位上迎接新的一天，然后等待校车的接送。一旦开始了一天的学习，学生们就会交换座位，在教室里走来走去。我喜欢家中固定的座位，因为它能保持早上的日常事务顺畅进行。我每天都让学生们自己选座位，从来没有纠结过。如果学生们今天没有得到他们想要的座位，可以很容易在第二天得到。我喜欢我教室的开放性！教室里有很大的空间感觉很好，而且把课桌撤走之后，教室里也没有那么混乱了。

——伊丽莎白·博尔霍弗

印第安纳州匡威镇的1年级教师

对我来说，在开始灵活座次安排时，需要克服的最大挑战其实是一种恐惧，害怕教室会变得混乱无序。不过自从完全实行了灵活的座次安排后，我就成了这种课堂氛围的大力倡导者！因为我的学生们每天都坐在不同的地方，他们的用品就存放在一个属于他们的抽屉里。一旦学生们形成了惯例，明确了目标，了解了步骤，那么情况就会是令人惊喜的！！学生们掌握了学习的主动权后，他们会更加投入。如果连幼儿园的孩子们都能掌握灵活座次安排的设定，那么任何人都可以！

——梅琳达·米斯朱斯

弗吉尼亚州林奇堡幼儿园教师

赶快行动起来

有时尝试新事物会让人感到害怕和不自在。我明白那种感受，因为我也曾经历过。如果你还在观望或者还没有准备好全力投入推行灵活的座次安排，也请考虑给你的学生一些选择，让他们自己选择在哪里学习以及如何学习。你可以试着带一些植物到教室，改变教室的照明方式，或者把明亮的颜色换成更中性的色彩。让你的教室像家一样，充盈着对学生满满的爱。让教室成为学生们想去的地方，这么做肯定是能带来好处的。不过你要记住，灵活的座次安排不只是关于东西和物品的安置，推行灵活的座次安排还需要整个思维模式和教学理念的转变，也需要释放权力给学生们。灵活座次安排与传统教学方式结合起来，是不会产生积极效果的。你还要知道，我们的教室应该以学生为中心，而不是以教师为中心。学生应该从我们这里得到最好的。就我个人而言，我在教室方面的各项选择都基于这样一句话，“如果对孩子们来说这是正确的，那它就是正确的”。我希望你们也可以采纳这一观点。

第 **8** 条

学习与顽固型学生相处

布莱恩·门德勒

纪律在何时才能行之有效

正式的纪律体系建立在处罚和奖励基础之上，只有在学生们更加在意所失而不是所得时，这种纪律体系才能行之有效。如果学生对某项特权的需求大于从行为中获得的好处，那么由于她没有完成任务，而失去这项特权，这样的方式才是有效的。对于运动员来说，失去参赛资格的威胁可能仅在当时那个赛季起作用，但在之后的赛季里，这种威胁将收效甚微。只有当孩子们更关注在教室上课这件事时，停课这种处罚才会改善他们的行为。注意，有效的秘诀在于“关心”。许多难以亲近的孩子（或端正或糟糕）感到不受他人欢迎，这种方法并不能在这些内向的孩子身上起到作用。遇到这类课堂互动问题时，我们如何对待他们，对于建立关系至关重要。

一般来说，轻微违反规则或程序的行为要比严重违反正式制度的行为更为频繁。部分例子如下：

1. 在另一个学生回答问题时说话；
2. 教师要求坐下的时候站着；
3. 摔门或摔学习用具；
4. 违规使用电子设备；
5. 哼唱、轻敲等，扰乱课堂秩序；
6. 不做（家庭）作业；
7. 恶作剧；
8. 扔东西。

对于轻微的违反纪律的行为，我建议使用干预措施而不是用后果恐吓。干预是对不恰当行为的非正式反应，主要是基于先前与学生的互动。这种干预的实现要做到尽可能快速、隐秘，并且它有2个目标：1）***让行为缓和或停止***。2）***回到教学中去***。以每小时100英里①的速度在城市街道上行驶是很可怕的，而以每小时15英里的速度行驶，会产生惊奇的景象和声音，所以开车不是问题，速度才是。有时，学生违反纪律的行为不是问题，违反纪律的频率才是问题。一定要集中精力减少学生违反纪律的行为，而不是专注于消除这种行为。“昨天，你在课堂上喊了18次。我想知道今天你会不会喊15次，或者更少？你能数一下吗，还是我必须数着？”重点关注学生说的内容，而不必在意他表达的形式。有时“**形式**”会妨碍“**内容**”的表达。不要抱有怨恨，在询问之前要感谢学生。

① 1英里≈1.6公里。——编者注

评估问题，进行P.E.P干预

经常有人问我："学生这样做（描述不当行为），我应该怎么办？"那么请在决定干预或处罚之前，先问自己以下问题：

1. 上次这种事情发生时，我试着做了什么？

2. 我那样做有用吗？

3. 我的行为是否产生了任何负面后果？

4. 如果这种做法不起作用，我还要再做同样的事吗？

5. 我更喜欢让学生对他们的所作所为感到后悔，还是只关心他们做出的改变和进步？

我明白悔恨往往是促进改变和进步的必要早期准备。有时，教师的干预措施会让学生感觉不舒服，而她仍会重复这种错误行为。学生通常是对发生在自己身上的事情感到难过，而不是他们做错的事情。囚犯对服刑10年的抱怨往往多于对犯罪的抱怨。也有一些情况下，干预措施让学生感觉不好，但他们确实停止了错误行为。这种时候，决定改变和进步的需要胜过了悔恨之情，这有助于我们找到适当的干预措施。

6. 有没有什么我没有试过的做法，但可能有用？

例如，一个11岁的学生给她的同学起了一个伤人的外号。听到这个学生说这种话，你会感到被冒犯，但并不会感到震惊。以前，你总是提高嗓门，告诉学生这些话有多伤人，然后要求她再也不要说了。显然，这样的做法并不奏效。那么，这次做点不一样的事。"杰西卡，你知道言语有多伤人吗？你觉得有必要这样说吗？日常生活中，谁会这样说话，你认为这样对我/我们来说礼貌吗？"

试着运用不同的方式进行干预。有时，不必开口，一个严厉的眼神，或者与之接近都可以带来帮助。我经常用一个叫作P.E.P的缩写词。这代表隐私（privacy）、眼神交流（eye contact）和接近（proximity）。可以在孩子耳边说话，让他们远离朋友，看着他们，如果他们不回头，也不用担心。其他违反纪律的行为需要课堂以外方法的帮助，请耐心点，就像任何有价值的事情一样，干预需要时间和实践来掌握。有些不奏效的方法可以成为学习经验，帮助你想明白哪些事情是不该做的。

试着运用不同的方式进行干预。有时，不必开口，一个严厉的眼神，或者与之接近都可以带来帮助。

专注于目标，保持冷静

我的建议是，保持冷静，并专注于你的目标。并且，在大多数情况下，不要表现出愤怒。我也知道总是忍住不生气不太可能。因为与汽车不同，人的愤怒并不会因为按下按钮或转动钥匙而停止。有时，学生会从我们生气的情绪中受益，因为他们了解到某些行为有时会带来这种强烈的情绪，了解到愤怒是他们的伤害性行为带来的自然后果。如果我们总是生气，他们就不再把我们当回事了。对学生来说，学会如何在不生气和保持平静的情况下与愤怒的人打交道也很重要。同事、老板、配偶，甚至他们自己的孩子肯定也会生气。不管有多生气，都要教育他们，都依然要关心他们。你可以说："现在我很生气，我不喜欢你骂人，这很不礼貌。"一定要坚定、直接、切中要害，努力找到学生错误行为的根源。如果能弄清楚是什么导致了

不管怎样，教师都是学生们的榜样。我们如何表达和处理失望、挫折、不安和怨恨，学生们就会如何处理这些情绪。

这种错误做法，就有很好的机会来改正它。不管怎样，教师都是学生们的榜样。我们如何表达和处理失望、挫折、不安和怨恨，学生们就会如何处理这些情绪。如果我们保持冷静，他们也会保持冷静。如果我们把声音压低，他们也会把声音压低。

学生行为不端的5个重要原因

孩子的行为不端有7个原因，但我认为前5个是最重要的。请举起手，看着这5根手指。接着，把它放在胸前，手掌向下手指向上。每根手指都代表着1根水管，这些水管通向一个水分充足的人。水分充足就等于行为良好。能够把5根水管都填满的学生表现得非常优秀；能够填满4根水管的学生也表现很好；填满3根水管的学生也表现得不错。然而，只能填满其中2根水管的学生称为“栅栏小孩”。栅栏小孩是指当X不在时，Y就会做出一些行为。而如果X也在，那么Y就会更加猖狂。这时我们说，Y就是“栅栏小孩”，他会受到任意因素的影响。能填满1根水管的学生每天都会表现得很糟糕。1根水管也填不满的学生都是“人才”，因为他们消耗我们最多时间，还经常干扰其他人学习。

注意力。抓住你的大拇指，别松手。拇指代表着注意力。注意力是孩子们行为不端最普遍的原因之一，因此我把这一点单列了出来。这有点像是宿舍管理员。有两种类型的“注意力”孩子。通常来说，在我们的固有印象中，注意力A型的孩子在单亲家庭中拥有很多兄弟姐妹，而且家长通常有自己的伴侣。由于这类孩子在校外能够得到的关心太少，因此他很渴望能够得到更多的关注。注意力B型的孩子是在家里受到了过多的关注，没有了这些关注，就非常痛苦。当你给这类孩子的母亲打电话，向她解释情况时，她马上说：“我女儿不是这么说的！她说都是你的错，她从不骗我！我只是太爱她了。”在家里，妈妈说5点来吃晚饭，女儿就会7点才来。妈妈说：“亲爱的，这是你的晚餐，我那么爱你，也会帮你收拾清理的。”女儿现在来上学了，我们叫她排队等候，轮流用餐。请注意，这两种类型的孩子问题都在于“注意力”，但针对两种类型的解决方法则完全不同。对注意力A型的孩子我们需要给予更多的关注，而对注意力B型的孩子则不应给予过多关注。

权力和掌控权。食指和中指分别代表着权力和掌控权。这些孩子们喜欢争论。我们叫他们坐下，他们却站着，这正是因为我们要求他们坐下。我们说：“哇，外面真漂亮。”他们说：“不！是真美丽。”我们说：“对，我就是这么说的。”他们说：“不，你说的是漂亮，可是外面很美丽，这两个词完全不一样。”这些孩子让我们怀疑人生。一般来说，他们的失控有两种原因：一种是在家里被过度控制；另一种是家里任由他们为所欲为。对于有的学生来说，生活的每一天中的每一个细节都受到霸道父母的安排。这类学生在家里经常受到指使，甚至被辱骂，因此感觉没有什么权力和掌控权。而另一类学生在家里很少受到监督，他们可以想做什么就做什么。这两种情况都会让学生“脱水”。一般来说，设立学校的目的并不是为了让孩子们感受到权力和掌控权。我们告诉他们一切，事无巨细：规则、后果、家庭作业、吃饭时间、穿衣规范、如厕时间、时间表和考试内容等，还有其他许多事情。人们在不断被告知该做什么时，就会反抗权威，以证明自己的能力。大多数班级的大部分学生在学校里得不到权力和掌控权，但他们仍然不会扰乱秩序，因为在日常生活的其他地方他们得到了这些。然而，有一小部分孩子不论在校内还是家里都得不到掌控权。回想一下，我们会发现，几乎总是那些和教师对立的、反抗纪律的孩子们渴望获得权力和掌控权。

能力。无名指代表着能力。有些孩子天生在学校就表现得很好，他们坐着不乱动、注意力集中、听从指示、记忆力和阅读能力都非常优秀。成功、自信和能力相辅相成。成功带来自信，最终提高能力。我越能干，我就越成功，我就越自信。在我6岁儿子的软式垒球队当教练时，我比以往任何时候都更清楚地认识到这一点。我们把球放在球座上，然后发球。这不是棒球，真正的棒球不需要发球台。但我们还是用了发球台，因为成功是首要的。接下来，我们学会了在赛场上以低手位投球。说实在的，我并不仅仅是想打出一次全中，我是真的想要击球！成功带来自信，自信带来能力。根据不同孩子的天赋和职业道德感，这一过程以不同的速度在他们身上上演。最后再过几年，孩子会说："教练/爸爸，扔得再用力一点，你扔得不够狠。我能击中球，但你得往后退，再用力一点投球。"有些孩子从来没有学过与发球有关的数学知识，所以如果我们每天都给他们扔时速90英里的快速球，他们当然会想要退出。

归属感。小指代表着归属感。和注意力一样，有归属感的孩子有两种类型。有一种典型的独来独往的人，他们没有多少朋友，这类人属于A型。属于B型的是愿意接受纪律体系的孩子。我想起了我4年级的同学埃德温娜，她是一个难得的对每个人都很友好的学生。一天中午过后，我看到了她的身影，她正在和米尔斯太太争吵。埃德温娜气冲冲地回到座位上，低下头。

我小声说："嘿，你还好吗？"

她（含着眼泪）："不好。"

我："好吧，那就告诉她，她是个笨蛋。"

她："你疯了吗？我可没对教师这么说！"

我："那要我替你说吗？"

她（睁大眼睛微笑着）：“好！”

我（当着全班同学的面）：“嘿！你要让埃德温娜哭吗？她可是全校最好的孩子！你是个笨蛋！”

全班哄堂大笑。我有了归属感！问题是，我的归属感完全与接受这个体系有关。我的一生中，人们都说，“等布莱恩来，他会说的。去找布莱恩。他会做的。布莱恩会买的。布莱恩会把它卖了。布莱恩会试试的”。这就是为什么隐私如此重要。在孩子的耳边悄悄说话，让他们远离朋友。快速写个便条，用眼神交流来表达你的观点，这样做的目的是让学生有归属感。

意识。有时，学生对自己的行为毫不知情。轻敲钢笔的孩子就属于这一类。有时，敲击钢笔让他们集中注意力。一般来说，要求孩子们意识到自己的行为并停止时，他们会照做，甚至还会为自己没注意到而道歉。然而30秒后，他们就又开始敲了。

学生们需要在朋友面前显得很“酷”。观众在每一场演出中发挥着重要作用。如果同龄人都在看着，那就等着每次都有学生来挑战权威吧。孩子们在彼此面前一定要看起来很酷。这一点一直都是这样，将来也会如此。倒数第二个表达的信息几乎总是最好的。请记住，任何时候你想要给一个学生的信息，其他人都能听到，就很有可能会发生权力斗争。

融洽相处的11个法则

◆ **你必须喜欢他们**。这意味着首先你要从他们的角度看待问题，意味着这些调皮的孩子必须加入你的课堂，意味着你班里和别的班里最难搞的学生要轮流交换，意味着即使你不这样想也要假装喜欢他们。我们要让最难搞的孩子坚信，如果再也见不到他们，我们会像再也见不到自己的孩子一样悲痛欲绝。可悲的是，许多人的感觉却恰恰相反。

> 我们要让最难搞的孩子坚信，如果再也见不到他们，我们会像再也见不到自己的孩子一样悲痛欲绝。可悲的是，许多人的感觉却恰恰相反。

- **我必须愿意改变我自己**。如果我不愿意直面自己，那么就不可能在最难对付的孩子身上取得成功。但这并不意味着我是导致问题的唯一原因，这仅仅意味着，每当我在生活中遇人遇事发生问题时，我都要先照镜子，审视自我。如果我把自己的问题解决了，那么事情就会迎刃而解，而且这一过程几乎总是那么轻而易举。
- **专注于旅途**。最近，我对我4岁的儿子做了充足的如厕训练，但他还是拉在了裤子里。我在厕所帮他换衣服时感到很沮丧："伊莱，你4岁了，不能再拉在裤子里。感到肚子有压力时，就直接跑到厕所去。"你有没有试过向一个4岁的孩子解释需要大便的感觉？这并不容易。一瞬间，我有了一种奇怪的感受，就像是我在看我们之间的互动，而不是置身其中。我回忆起我的朋友和家人说过的话，他们的孩子年长一些，他们告诉我："接受并拥抱这段经历吧，享受这个过程。因为一转眼他们就长成大孩子了。"我看着我的儿子，眼泪顺着他的脸颊流了下来。"没事的，小家伙，我们都会犯错。没事的，我保证。"过了一会儿，我帮他换衣服的时候，他的下巴抵在了我的脖子下面。在这个小小的瞬间，一个糟糕的（字面意义上的）时刻变成了一个难忘的特别互动。面对不同情况，我们每个人都有能力掌控自己的态度和决定为其所付出的努力。拥抱旅程，不要让每一个具有挑战性的行为毁掉你的一天。和孩子们一起工作时，精神坚韧是最重要的。旅程并不会一帆风顺，但是拥抱旅程会让旅途更加愉快。

- **提问胜过陈述**。和最难对付的孩子一起工作时，只要有机会，就把陈述改成问题。对于喜欢和教师搞对立的孩子来说，问题是软肋，陈述是助燃剂。不要说“我们不要那样跟大人说话！”，而是要说：“为什么你认为可以这样跟大人说话？你从哪儿学到这样说话是礼貌的？你知道用那种词说话时像什么样子吗？你不相信自己比那样更好吗？”然后，就可以认真听他回答。
- **别往心里去**。在我刚开始当教师时，一位同事说，如果一个孩子对我“发火”，我应该心存感激。生活中，我们常常把最大的负面情绪发泄在我们最关心的人身上。不管是真是假，这都是一种看待事物的好方法。与最难应付的孩子频繁接触，私交甚笃，不需要把他们的言行太当回事。请记住，关注他说的内容而不是他的表达方式。
- **将讲话的重点放在倒数第二句话上**。很多教师都是天生就爱说最后一句话的人。你需要重新训练大脑，在孩子面前做一个用倒数第二句话讲重点的人（以礼貌语收尾），这几乎可以让我们远离任何争论或权力之争。“谢谢”是一个伟大的结束语。“我想我看见你掉了张纸，如果你把它捡起来，我会很感激的！谢谢。”
- **走开相当于有力**。我必须把避免权力斗争视为一种胜利。离开是关键。准备好听到学生低声咕哝几句不恰当的话。如果他真的在说话，那就对他说：“现在我必须小声点几个同学的名字，因为我不想在全班同学面前看起来像个懦夫。”然后走开。
- **人比物重要**。消防员让我很是吃惊。成年消防员等着冲进着火的大楼去救他们素未谋面的人，而这种救援大部分是免费的。规则很简单：先救活着的，先救人和宠物。消防员们会毁掉路上的任何东西，包括贵重物品，一心想着拯救生命。以这种心态去应对最难搞的孩子是非常重要的。有时我们不得不把学科教学抛到脑后而专注于人。关心这个人比我教这个人任何东西都来得重要。如果我这样做，这个人就会学习我想教导的任何内容。

- **有总比没有强**。即使没有教会10个孩子，只教会了1个，那也是值得的。正如以棒球的标准来衡量成功与否，10个中有3个是全明星选手。做出决定总比没有做决定强，迟来的决定总比完全不决定强，对于任何的决定，只要不涉及安全问题，我们都可以商量。
- **私底下进行比公开进行更好**。观众在每一场演出中都扮演着重要角色。谈论任何私人话题时，请让孩子离开他们的朋友。奖励、奖赏、行为反馈表和贴纸在私下使用时最为有效。尽量私下表扬和纠正孩子们。发布带有评分的作业之前，一定要问清楚学生们的意见。告诉学生你有多么重视隐私，承诺永远不故意在其他同学面前让他们难堪。让他们学会将心比心。
- **变化就像坐过山车**。如果学生安稳地度过了星期一，不要惊讶他会在星期二捣蛋。对一些孩子来说，他们的状态时好时坏，所以你要为此做好准备，别被这些变化吓到。我们观察孩子的心态就要像看股市一样，要涨大于落。孩子们处在低谷期时最需要我们。一切顺利时，陪伴他们，孩子们就会喜欢你。而孩子们状态不好时，也要陪伴他们，这样你就会改变他们的人生。

第9条

学习运用跨课程、设计思维的方法

艾琳·克莱恩

作为教育工作者，如果可以将现实生活与课程相融合，给学生提供合作学习的机会，我们就能让孩子们做好准备，一旦离开学校就能独立学习，取得成功。要想成为终身学习者并在社会上取得成功，学生必须学会如何学习，寻找问题的答案，并拥有持续追求卓越的内在动力。通过结合现实应用和场景的个性化教学，教育者提供了培养浓郁学术氛围的环境，让每个学习者都可以成为释放创造力的独立思想家。这就是我们开始有所作为的方式。

约翰·杜威（John Dewey）说："如果今天的教学与昨天一样，我们就剥夺了孩子们的明天。"作为教育工作者，我们都听过这个笑话：如果一个人午睡了100年，醒来之后到医院，他会对所有科学发现和技术创新带来的变化感到惊讶。然而，如果这个人走进一所学校，他会发现与几十年前相比，这所学校没什么变化。学生们仍带着课本，努力完成家庭作业，坐在课桌旁，按照课程表上课，全班一起阅读短篇故事和小说。是时候翻开新的一页，思考我们该如何引导学生利用他们的激情、创造力和技术技能，成为更专注的学习者，成为真正创造不同的人！

在当今课堂上，使用以问题解决为主的教学方法比以往任何时候都更重要，这是帮助学生为以后的全球交流与合作做准备。作为教育工作者，我们必须创造出用这些工具、策略和方法帮助学生学习的环境。通常，课堂很难满足所有学习者的需求。这并不是要诋毁或贬低当今教师的做法；然而，由于标准越来越高，内容越来越全面，学生对差异化教学的要求越来越高，教师们开始感到捉襟见肘、不知所措。我们认识到有效的教学鼓励更高层次的思考，但时间和有限的资源可能会抑制这种有效教学的易用性。利用设计思维原则可以转变教学方式，从而更好地满足所有学习者的需求。

> **在当今课堂上，使用以问题解决为主的教学方法比以往任何时候都更重要。**

学生成为学习的促进者，而不是听课机器。此外，教师从“讲台上的圣人”变成了指导者。鼓励协作和问题解决的结构化实践教学方法，能够在学生以自己的水平、速度和能力独立工作时，激发他们进行创造、生产和联系。这样，分化的难度就会降低。教职员工会议和家长会中涉及的问题，如课堂管理和学生（缺少）课堂参与都会迎刃而解。目标的核心使我们得以从积极的角度思考：教案设计、跨课程整合和由持续形成性评估驱动的支架式项目学习。

学生可以接触到丰富的资源以欣赏文化多样性，通过多媒体进行交流，建立起社交网络。这些社交网络远远超出了课堂、学校、城市和国家的范围。学生使用设计思维模式工作时，会从移情开始，在这个阶段，他们学会设身处地理解用户或观众的需求。当更加熟悉用户或观众的需求时，他们的视角也会随之扩大。总体而言，在整个设计思维过程中，学习者致力于创建一个潜在的解决方案，以满足用户的需求。今天的企业需要具备领导能力、团队合作能力和自我驱动能力的后备人才。通过设计思维过程，学生掌握了在当今不断发展的环境中取得成功的必要技能。引入移情、定义问题范围、构思潜在解决方案和潜在原型的教学方法最有助于学生做好准备。

> **通过设计思维过程，学生掌握了在当今不断发展的环境中取得成功的必要技能。**

从传统教学中转型

行政人员邀请我加入4年级团队时，我很高兴有机会和小学高年级的学生一起工作。作为一名前1年级和2年级教师，我欣然接受了与年长学生一起工作的机会。在新学年开始之前的夏天，我和我的新团队见过几次面，见面时间有好几个小时。见面的次数越多，我们就越意识到有必要重新设计一学年的教学内容。我们没有被要教的内容弄得不知所措，而是把注意力转移到了如何让学生以更真实的方式学习上。

去年，我们学校是中西部地区第一个加入麻省理工学院（MIT）项目的学校，该项目位于埃杰顿中心，在那里我们的工作人员向麻省理工学院的教员学习，与他们一起工作，更认真地研究如何开发K-12课程，提高教学水平。利用员工在与麻省理工学院的合作中收获的培训知识，我们团队开始在设计思维过程的指导下整合学习单元。一起开始这个计划时，我们意识到重要的是要继续专注于给学生提供真实而有目的、有意义的体验。当我们反思自己的教育经历时，那些令人印象深刻的成就是我们觉得能用自己的贡献改变世界的经历。给学生提供改变的机会将是我们计划的核心。

奇迹不是一夜发生的。事实上，我们仍在调整教学方法，以尽力为学生提供最好的教学法。我们的担忧源于不知道这种新的教学方式会在课堂上呈现出什么效果。即使弄清楚了每天的课程、后勤和时间安排会是什么样，我们对项目成本和学校里的什么人会帮助完成这样一个多层次的项目仍有疑问。除了麻省理工学院教员的支持，我们还想知道，在这个未知领域感到迷茫时，作为一个团队，我们将如何继续进行自我教育。这些担心有助于凝聚我们的团队，让我们在不确定的时候互相依靠。每天早上，我们都会在教室里集思广益，在课堂上尝试创造性想法；我们会在午餐或课间休息时分享成功和失败；我们会在计划时间时提出问题、分享资源。我们无所保留。

为了让学生有机会有所作为，我们联系了底特律当地的社区成员，请他们跟学生分享其工作，并通过让学生观察他们的日常工作来激励学生。我们与当地企业合作策划了一些实地考察活动，学生可以参观、提问，并了解幕后真实的设计思维过程。我们参观的每一家企业都会从移情阶段开始，与特定用户或目标受众互动。学生会明白和了解这种设计对于目标用户以及特定用户的重要性。看到正在运作的设计思维过程会让学生更好地定义其愿景，这样他们就可以形成各种想法来满足用户或受众的需求。

最后，我们似乎用所有的计划创造出了最完美的谜题，并很快就要和学生开始这段史诗般的旅程。但当我们开始讨论每节课的内容时，就会感到有些惊慌失措。通过讨论全局、目标和学习效果来设计项目是一回事。然而设计每天的课程完全是另外一回事。每周5天，每天都要有60到90分钟的上课时间。我们如何计划每天的时间，又如何计划一周甚至几个月的时间？

制订项目时间表，确定所需资源

了解到要为一套既定的社会研究标准负责，我们开始合作，利用设计思维过程，以更真实的方式支持这些教学标准。我们决定以地区作为学习单元进行学习，并使用不同的教学方式，用设计思维的不同阶段来指导每个地区的学习，制定课程计划。让学生开展对不同区域的学习，从而让学生沉浸于每个地区发生的最新事件的方式。在探索每个地区时，我们自然会整合有关地图技能和地理的课程。

决定使用什么资源非常重要，因为我们不再只使用教科书，孤立地教授每个地区的知识。考虑到会使用从当地图书馆借来的各种书籍、在线资源和其他印刷材料，在地区社会研究单元的设计思维过程中，我们意识到需要进行跨课程整合。需要将阅读和写作单元纳入社会研究课程中，这样学生就能够扎实地理解如何阅读复杂文本、做笔记，并通过写作来支持他们的思想。基本上，我们现在会同时教授社会研究、阅读和写作。意识到这是如何有机结合在一起的之后，我们知道必须有意识地将不同学科领域通过跨课程的方式整合起来。我们会以设计思维过程为载体，通过阅读和写作，在学习每个地区的过程中到达每个目的地。

运用设计思维整合跨课程内容的示例

以下概述了一个学期的课程大纲和团队备课教学指南，以及麻省理工学院教师、其他组织和会议支持的专业培训。

阶段1　移情：观、看、听、学

在这一阶段，学生的目标是寻求用户的理解。用户是谁？学生在探索什么样的背景、问题或话题？他们注意到了什么问题？

社会研究——使学生沉浸在文学中，介绍每个地区的时事

在这一阶段，我们向学生介绍美国发生的各种事件。学生使用各种资源，例如新闻网，通过阅读难度适当的材料了解时事，确定美国各地区正在发生的事情。

学生要阅读的一些问题如下：

- 西部地区：野火、水污染、干旱、地震；
- 西南地区：干旱、野火、龙卷风、气候变化、石油泄漏、大坝、水污染、水资源短缺；
- 中西部地区：干旱、气候变化、共享水源、森林砍伐、桥梁和基础设施薄弱、坑洼；
- 东北部地区：污染、人口过剩、垃圾填埋、气候变化；
- 东南部地区：入侵物种、飓风、洪水、龙卷风、石油泄漏、水污染、海啸。

最初，学生学习时事时会同时学习地理和地图技能课程。他们学习如何使用地图和地球仪，如何识别和辨别不同类型的地图，如何读取罗盘、图例和地图比例尺，如何使用地图网格，如何读取纬度和经度，以及如何识别大陆和海洋。随着学生对世界和所居住的国家有了更多的了解，他们开始知道，基于一个地区的地理、经济和历史，时事新闻中出现的某些问题往往会在某些地区频繁发生。这会让他们对每个地区进行深入比较和对比研究，并判断出为什么某些地区会经常发生某种事情。

随着学生越来越多地了解每个地区的问题，他们开始被一些问题所吸引。我们要求学生在阅读研讨会期间选择3个他们想进一步探索和研究的问题。

阅读——教授如何阅读信息型文本

以下是以阅读研讨会形式讲授的微型课：

- 阅读前预习课文，注意课文的特点，运用先前的知识，学习每页内容，把握全文大意，预测下文内容；
- 观察文本结构，确定信息组织方式；
- 思考全文或中心论点；
- 对于前文出现过的论点，要注意有关它的新信息，将其融入思维中；
- 运用一系列策略阅读并理解信息型文本；
- 识别文本结构，并按照下述结构进行思考：
  - 描述性
  - 按时间顺序
  - 对比
  - 问题和解决方法
  - 原因和结果
- 确定不熟悉的单词和词组的意思。

最终，经过阅读研习，在整个设计思维过程中学生会将他们的主题从社会研究中的3个选择缩小到1个最终选择。

写作——教授记笔记的方法和写作反思

学生学到了包括网格、双栏笔记、视觉笔记在内的各种记笔记的方法，以此来记录他们在体验式实地考察时从专家那里了解到的信息。他们也会在笔记中反思自己，在每次考察后分享关键信息、做总结，并分析其了解到的重要信息。学生们还通过图像和视频片段分析各种媒体，以激发同理心和情绪化的写作反应，这些反应会基于时事话题，从而替他们所研究区域内可能受影响的用户或受众考虑。

阶段2　定义：界定问题，确定重点

在这一阶段，学生试图定义问题。这是向谁提出的问题？为什么这是个问题？其目标是缩小关注范围。

社会研究——继续研究区域问题

这一阶段，继续研究区域问题，研究每个地区的独特之处或与其他地区的相似之处。

阅读——教授如何利用信息型文本进行研究

以下是以阅读研讨会形式讲授的微型课：

- 研究人员获取先前所学知识，读者思考他们对某一主题的了解；
- 读者要像研究者一样，收集信息，记录他们所观察到的东西；
- 读者学会用特定格式引用资料来源；
- 读者记录最重要的信息，并用自己的语言表达出来；
- 读者用方框和项目符号做笔记，记录主要观点和支持性细节；
- 读者在研究时用T形图来记录所做的比较。

写作——教授如何写说明文

以下是以写作研讨会形式讲授的微型课：

- 写作者参考研究笔记帮助他们勾勒出写作结构；
- 写作者开始用研究指导工作，有逻辑地进行初步写作；
- 写作者精心设计引人入胜的介绍。

阶段3 构思：创造可能性

在这一阶段，学生会想出无数有创意的可能解决方案，满足用户需求。

社会研究——集思广益，研究区域问题的可能解决方案

学生集思广益，相互讨论，并询问这些想法对这个地区来说是否切合实际、是否可持续，以帮助该地区解决问题。

阅读——继续教授如何研究

以下是以阅读研讨会的形式讲授的微型课：

- 读者使用复杂的策略来询问、整合，并分析信息：
- 读者通过建立知识并将其展示给他人以讲解，利用笔记谈论研究内容。

写作——继续教授如何写说明文

以下是以写作研讨会的形式讲授的微型课：

- 写作者用他们的研究笔记来撰写作品的正文部分；
- 写作者以段落形式进行写作练习；
- 写作者用引语、引人入胜的事实和强势动词优化他们的写作。

阶段4 原型：建立原型，随时修改

在这一阶段，学生开始把想法转化为可持续的解决方案，将想法带入生活中。通常，他们会从一个原型中开发出几个不同的版本。

社会研究——开始形成解决方案的原型

根据每个地区的实际情况，比如资源材料的有用性，获得性。学生可以决定使用纸质原型、制造各种材料的原型，或使用更多成品材料的原型。我们一共让学生做了3个版本，每完成1个版本，他们就会对最初的想法进行修改，并获得反馈，以便做进一步的改进。

阅读——读者准备展示其研究成果

◆ 读者会观看各种媒体资料，包括教师选的《鲨鱼坦克》和《创意发明王》的节选片段。

写作——总结如何写说明文

以下是以写作研讨会的形式讲授的微型课：

◆ 写作者写出令人印象深刻的总结；

◆ 写作者不断修改结论，使之能够概括文章主要观点，并让读者能够较好地理解这个话题；

◆ 号召读者采取行动：

·给读者一些与你提供的新信息有关的东西。既然他们都已知道你的话题，接下来他们该做什么？

◆ 如何帮助：

·在话题本身需要的时候，许多信息型文本作者会解释人们该如何提供帮助。这类作者试图把话题和人们联系起来。

◆ 画一幅画：

·为读者创建与主题相关的可视图像。

◆ 主题的重要性：

·给读者留下与主题有关的重要或有趣的东西。为什么这个主题如此重要？

◆ 以引言结尾：

·让读者看到你引用的专家的话。引言要能支持你的论点，并能引发读者思考。

- 写作者回忆他们之前所学的策略，并以娴熟的技能运用这些策略；
- 写作者使用过渡词和短语使文章衔接起来；
- 写作者使用专业的学术词汇或词组，增加文章的可靠性；
- 写作者用引人注目的标题和副标题吸引读者；
- 写作者运用文本特征突出强调重要信息。

阶段5 测试：尝试并获得反馈

在这一阶段，学生尝试运用原型，并与观众或他们的用户分享作品。是否按计划进行？如何改进或修改想法和设计？

社会研究——与受众分享，观察使用者

学生思考要改变什么，保留什么。学生可以调查受众和用户，以获得对未来原型或修改的反馈。

阅读——读者计划呈现

学生阅读其他人提供的不同类型的文本。教师设计研读课，注意并记下每份文本包含的内容，如说服性语言、强势动词和描述性形容词。

写作——写作者起草一份电梯游说

学生写一篇电梯游说，一篇60秒的简短演讲，与听众分享。

举办演讲展示会

我们邀请家长和特别嘉宾参加晚会，观看学生分享作品，以此来为长达一学期的项目画上句号。学生带来了将要分享的原型，并准备告知观众他们在过去一个学期里获得的大量知识。展示中的原型就像你在科学展览

会上看到的那样。学生坚持自己的工作，随时准备取悦热心的观众，并回答有关他们制定的所选地区解决方案的问题。

设计思维的5个关键阶段

接下来是对学生遵循的设计过程的5个关键阶段的回顾。今年，你会如何将这个过程融入到自己的教学中？

阶段1 移情

观、看、听、学

在这一阶段，学生的目标是寻求用户的理解。用户是谁？学生在探索什么样的背景、问题或话题？他们注意到了什么问题？

阶段2 定义

界定问题，确定重点

在这一阶段，学生试图定义问题。这是向谁提出的问题？为什么这是个问题？其目标是缩小关注范围。

阶段3 构思

创造可能性

在这一阶段，学生会想出无数有创意的可能解决方案，满足用户需求。

阶段4 原型

建立原型，随时修改

在这一阶段，学生开始把想法转化为可持续的解决方案，将想法带入生活中。通常，他们会从一个原型中开发出几个不同的版本。

阶段5 测试

尝试并获得反馈

在这一阶段，学生尝试运用原型，并与观众或他们的用户分享作品。是否按计划进行？如何改进或修改想法和设计？

图 9.1　使用设计思维过程的 5 个关键阶段

第10条

学习在与他人交流时学习

德里克·麦考伊

学习就是交流的过程：

- 成年人与学生交流；
- 学生与世界交流；
- 成年人之间的交流。

真正的学习在何时发生

作为教育工作者，我们的部分工作是让学生明白学习是什么。我们主要基于自己的经验制定计划，比如从一次成绩理想的考试中得到的经验，或是我们大脑里既有的事实。一直以来，一个基本的教与学陷阱阻止了教育工作者、家长、政治家接受大脑研究和学习理论，以致他们对构建和学习新知识时大脑的运作过程一无所知。同时，它也会阻挡父母和社区发现孩子的不同之处。最重要的是，它会阻碍我们培养学习者的激情、创造力、好奇心和冒险精神，可能还会阻碍更多改变世界的伟大发明和发现。

我们根据自己的上学经历建立标准，把那些个人经历奉为标准，是因为我们没有其他可以替代的标准。我们建立了学校，也建立了常规教育，每个人都要接受这种教育，并要努力完成，以便最终获得成功。这种成功通常是一个等级或排名，只与成绩有关。我并不是在抨击成绩或努力学习，但我想指出，这些成就往往来源于那些没有反映学校真正使命的工作，以及那些我们认为或记忆中那样孤立的经历。

事实上，17世纪到20世纪的教育体系并不是依据大脑设计的，也不是依据近年来我们所学到的关于学习、发展和成长的知识设计的。我们面临的新的压力和责任是继续研究大脑，以及学习如何真正进行。在问及“学习什么时候进行”和“我如何学习”时，我们发现一直重视的东西并不真的适合学习，我们真的需要其他东西：

我们需要对话；

我们需要与同行探讨话题和概念；

我们需要捍卫、解释并深入探讨我们的话题；

我们需要激发好奇心的机会；

我们需要动力和挑战；

我们需要选择；

我们需要激情和欲望。

但现实是严峻的，这些事情都不可能孤立发生。在真正的学习过程中，联系和交谈有着非常重要的作用。作为教育工作者，我们的使命是及时了解新的研究和发现，以确保我们创造的学习环境符合学习者的需求和研究的真谛。虽然一些人能够明白学习并非记忆，但改变实践和制度以反映交流的力量、接受学习的社会方面，才是真正的工作。

阅读一些最新的研究和发现，看看接受学习的社会方面时会发生什么。

回顾第一项研究发现《教育乌托邦：学习是如何发生的》（*Edutopia*：*How Learning Happens*）。

与来自学习策略研究所的琳达·达琳·哈蒙德（Linda Darling-Hammond）博士和儿童的转折点项目（Turnaround for Children）的创办者帕梅拉·坎托尔（Pamela Cantor）合作，教育乌托邦（Edutopia）创造了一系列的学习方法，这值得每一个和孩子有接触的大人学习。它涵盖了以下内容：青少年时期的大脑发育、成长和发展；归属感和人际关系的真正需求和价值；通过成功或失败的尝试，指导学习者保持学习的韧性和持久性。这是一个系列，与少儿共同学习的成人需要和圈子里的其他人交流。

回顾第二项研究发现《安大略省教育部门学习是如何发生的：学习的四个基础》（*Ontario Ministry of Education How Does Learning Happen: Four Foundations of Learning*）。

安大略省教育部门确定了学生繁荣发展必备的4个基本条件：归属、参与、表达和幸福。这些是对所有孩子未来潜力的憧憬。

这只是两项研究，它们解决的是学习和我们目前存在的模式缺陷的问题。应该指出的是，记忆、练习与扼杀在这里没有一席之地。但不要误会，事实上绝对有一席之地，但它们不能成为标准。对它们的热切关注源于我们在学校的实践以及促进其发生所必须具备的条件：

- 安静的空间；

◆ 成排的课桌；

◆ 独立的学习。

第一所公立学校创建于1650年左右，在很大程度上，我们的期望和信念没有变化。我们仍坚持一些第一所单室学校反映出来的有关学校的实践和信念：练习、解决问题，以及保持安静。随着时间的推移，我们告诉自己，必须把结构和秩序放在第一位，这样有助于学习。你有多少次听到有人在没有事先了解那里到底发生了什么的时候就说某处吵闹，尤其是低年级学生正在互动的时候？我们有一套默认的标准来证明在课堂上的讨论和合作是合理的，但其实应该寻找更多富有成效的讨论、争论和创造力，并把它们作为评价课堂活动的标准。

为何学习总是进行不下去

作为培训的一部分，所有教师都要学习各种学习理论和结构，以便在课堂上实践，比如让学生结成学习对子、使用技术教学或进行演示等。在我当教师时，我只是偶尔组织小组学习，而不是把它作为固定标准，每天或定期开展。想象一下，如果工作或生活中没有交谈、讨论，不仅会感到孤独，而且会变得沉闷、停滞不前。大多数人都不会期待这样的情景。审视我们的实践做法和环境布置，我们期望学生在孤立的环境中学习，而不是在课堂上建立有意义的联系，或者学习如何在课堂上与其他人高效合作。

我们的大脑靠体验来处理信息和学习。我们最生动的记忆是那些不得不经历或解决的事情。这些体验有助于我们分享知识，传递智慧，帮助他人更好地学习。如果我们亲身经历，而不仅仅阅读书本，就能更好地传授经验和知识。

我曾经是一位思想保守的数学教师，但也不得不做出这样的转变。之前我的教学观念是：学生能够记住的东西越多，能够解决的数学问题就越多，我的工作就做得越好。幸运的是，一些成绩优秀的学生告诉我这种学习方式有多么无聊，这启发我放弃了我过去有关K-12教育的一些经验，并尝试为他们创造更具相关性、挑战性的学习体验。这需要学生的共同努力和协作。这种改变让学生有了更好的学习体验，对学习感到更加兴奋。能够及时回应学生的需求并作出改变，这使我感到骄傲。这也让我意识到，我必须对教学的一些方面进行完善，但不是现在。

用交际建立课堂的学习环境

学习在社会交往中发生。学习来自辩护、质疑和解释。我们必须学会参与激发他人创造力的创造性交流，同时学会接受能激发我们创造力的话语。分享或接受同伴或导师的帮助和建议，这既有优势，也有劣势。重点是，学习应该是这样的：从别人那里听到我们是应该继续还是放弃，是应该重视还是忽视。我们的感知和判断在一定程度上基于我们听到的这些话。我们是否听从这些建议，取决于我们的欲望和经验，而这些欲望和经验也是我们在社交圈中的互动所形成的。

交际可能是建立课堂学习环境的关键部分。建立一种课堂文化，鼓励和促进学生有建设性地、深思熟虑地分享反馈意见，这既有助于培养其沟通技巧，又有助于其养成批判性思维。帮助学生接受从同龄人和成年人那里听到的东西比较常见，但是当学生想对别人说话时，我们帮助他们进行批判性思考了

> **帮助学生接受从同龄人和成年人那里听到的东西比较常见，但是当学生想对别人说话时，我们帮助他们进行批判性思考了吗？**

吗？这为学生步入职场做了很好的准备，在职场中，他们需要高度协作才能解决世界级难题。

当学生专注于联系时：

- 他们学会相互协作和交流；
- 他们在尝试、失败、再次尝试的过程中，学会与他人共情；
- 他们学会互相支持和指导的力量。

构建教师的专业学习网络

作为专业人士，我们会寻求导师、专家或更有经验的人的帮助，以更好地理解、改进实践或技能，或淘汰过时的知识和理念。敢于推倒重来和重新学习是很优秀的品质，尤其是对于教师这种能够影响年轻人思想的职业来说。能够放下某些东西是令人钦佩的，但是当我们用实质性的、值得的（或者，至少我们是这样认为的）东西替代它们时，放下也没有那么困难了。在没有自己的解决方案时，我们必须向外寻求专业知识和悉心指导，以帮助我们前进。

作为成年人，我们应该拥抱交流的力量，它帮助我们变得更好。我们知道这样做的内在价值。分享交流的需要、建立理论模式，并最终获得成功，这是一种很棒的体验。在学生进入社会、面临难以解决的问题时，我们可以将其传授给学生。

融入社会交往应该是职业经验的一部分，它帮助我们更好地学习和处理问题。这不仅指与专家的联系，还指在成功后或接近成功时，把一个想法传递给同事并获得反馈，这才是真正的胜利。联系造就了强大。和同事进行一次愉快的交谈，既赞扬其好的方面，也指出其不尽人意的地方。这是我们学习和成长的过程，也是我们如何变得更好的过程。作为教育工作者，我们必须为彼此创造有意义的时间，不仅是为了学习和专业成长，也为了建立一种联系，让我们愿意继续相互帮助。

作为教育工作者，我们必须为彼此创造有意义的时间，不仅是为了学习和专业成长，也为了建立一种联系，让我们愿意继续相互帮助。

这是建立和维护专业学习网络（PLN）的真正价值所在。专业学习平台是个安全的空间，你可以在该平台上分享、提出问题、挑战他人，并接受那些致力于让你变得更好、帮助你学校的学生成长和成功的人发来的挑战。我的专业学习网络是一个活跃的团体，他们会回答我的问题，帮助我寻求支持和建议，激励我尝试新事物，并对我们学校正在发生的事情非常感兴趣。分享他们正在阅读的内容和我正在阅读的内容只是其中的一小部分。我能够信任、处理我们的关系，并从中学到深刻的东西，是因为我们都重视所建立的关系。如果你没有建立过这种学习网络，可以从创建一个社交媒体账户开始，并关注你手上这本书的作者们。联系总是好的，但建立真正的联系来帮助我们的学生，则是好上加好。在联系的时候可以加上与教育有关的话题标签。

在课堂上构建归属感文化

最近几个月我最喜欢的事情之一是：学生进入教室时，教师们会想出各种创造性的方法欢迎他们。有不同的欢迎方式，比如击掌、拥抱或者碰拳，学生们可以任选一种。最近，我看到一位教师用字母表和幽默感让孩子们一进教室就心情大好。但我最喜欢的是那些对每个学生都有不同握

> 没有人是为了成为最好的规则执行者或最好的课程规划者而从事这项工作的。我们这样做是为了让改变发生，而让改变发生的唯一办法就是与学生建立良好的关系和紧密的联系。

手方式的教师，老实说，我很佩服他们。哇哦！我可以想象那个画面，每天学生们都把手举过头顶，挥手说："我等不及了，我可以的！"

我们进入教育领域是为了改变学生的生活，仅此而已。没有人是为了成为最好的规则执行者或最好的课程规划者而从事这项工作的。我们这样做是为了让改变发生，而让改变发生的唯一办法就是与学生建立良好的关系和紧密的联系。

学生们不会记得那个你计划了两天的科学实验，但他们会记得你是如何特意走过来，关心他们饿不饿、开不开心！

在谈论与学生建立关系时，我认为人们没有把这种关系的重点与其重要性放在学习过程上。归属感很重要。在课堂上建立一种文化，让学习者知道他们是安全的、被需要的，他们属于一个团体。没有什么比知道"我的朋友会支持我"更让学生想来上课了。这就是归属感和朋友的力量。但与大人的关系是特殊而独特的。与大人建立积极关系可以激励学生努力学习，敢于冒险。

良好的师生关系有助于帮学生认识到，他们可以不惧最终的成败，放开胆量去学，作出尝试，开展实验。成人与学生建立关系对学习过程至关重要。我们是榜样，学生以我们为基础建立行为模式，向我们学习，并且作出积极或消极的回应。

我们必须致力于让学生和我们自己与学校之外的世界联系起来。对学生来说，我们必须把他们与世界联系起来，因为那才是他们要去的地方。

对我们自己来说，进步来自与他人建立关系，包括拥有专业知识水平的人、拥有与我们同等知识水平的人或正在建立知识结构的人。

联系是范式上的转换，从我们经历过的那种方方面面受控的教学模式转化成将联系的力量引入课堂的模式。你准备为你的学生提供什么样的联系体验？你是一个积极的专业学习网络建设者吗？

建立与学习者真正相关的学习体验

真正的学习来自我们为学生设计或帮助他们参与其中的学习体验。这不仅有助于学生探索问题并在情境中解决问题，而且有助于他们发展软技能。即使人类是社会性动物，我们也不是生来就知道如何进行高水平的合作和生产。

即使人类是社会性动物，我们也不是生来就知道如何进行高水平的合作和生产。

这就像解决一个问题或开发一个新的解决方案，或者回顾并确定在哪些阶段我们可以有更好或更大胆的想法。这些软技能不仅促进了协作（和学习过程），而且还将成为未来工作的主要内容。

作为教育工作者，我们可以让学生知道社区和世界上的问题和事件，从而创造机会，让他们和教室外的人建立联系。除此之外，还有什么更好的方法能让布卢姆教育理论中更高层次的阶段落到实处，建立与学习者真正相关的学习体验呢？

我很幸运能跟这样的教师一起工作，他们请来当地的专家与学生交流，分享他们所做的事情以及这样做的原因。这一附加活动对学生非常有益，为年轻人创造机会、建立联系、提出问题，并与其他人进行后续讨论；参与项目，让学生将学习与实践相结合，与世界各地的领导者和专家建立联系，了解如何解决和探索现实世界中的问题。在西罗文中学，一些7年级的理科学生与一位活跃在社交媒体上的本地气象学家建立联系，他们不仅仅可以跳出课本学习，还可以听到一些关于这个专业和本地天气规律的真知灼见。了解不同的天气模式如何组合在一起造成恶劣天气是一回事，但观看珍藏的视频和聆听精彩描述也有助于巩固学习目标，并激发学生对即将到来的、全体都要参加的绿幕技术活动的好奇心和兴趣，这是另一回事。这种联系引发了探索。

我们还参与了一个名为“关爱工程”的服务性学习项目。关爱是我们学校的核心价值观之一，我们强调在社区中成为一个满怀慈悲的领导者的力量。“关爱工程”的目标是改变一个人的生活、改变一个社区，甚至改变整个世界。学生可以独立或与别人合作，做一些事来改善人们和社区的生活。这种服务性学习把学生与周围的世界联系起来，并计划在小学、养老院、食物赈济处或动物医院采取行动。了解社区并参与社区活动。学习如何与同龄人一起完成钓鱼比赛或庭院大甩卖，或者找到售卖布朗尼蛋糕的最佳地点和时间。

联系和交谈是改变世界的必要条件。

为学生创造全新学习体验的4种方法

教书很难。作为一名中学数学教师，制定教案、打电话、管理课堂、开家长会，这些都很难。在制定计划时，即使聚焦于身边可以利用的教科书资源，我仍感到非常艰难。

我们必须减少对资源的依赖，更多地关注学生的学习需求。计划用“今天要做什么？”或者“最佳的实践问题是什么？”这类问题开启对话，这无关学生的需求，而是为了谈论一个话题。为了专注于学生的需求，我们必须在实践中有以下转变，并认同一些不容置疑的规定：

1. 了解学生。我认为我们在致力于认识学生方面做得很好，但很少有人能与学生建立真正的联系、深入地了解他们。我喜欢上面写着“你暑假做了哪些事情？”“你最喜欢什么颜色？”和“长大后你会住在哪里？”的新学期活动表。这些五花八门的问题很幽默，但也会让我感到有点悲伤。我经常会想说，“上帝保佑你们”，因为我知道了学生们想做什么，但对于某些话题，我们问得不够深入。

在这些浮于表面的问题之外，我想提出一些更为深刻的问题：你喜欢用哪种方式获取信息？询问他人、查阅书籍、使用手机，还是打开笔记本电脑？你喜欢在哪里读书？如果你必须在两天内写三段话，你想在哪里写，你需要什么？遇到困难时，你会向谁学习？为什么？如果不吃早餐，午饭前你会怎样？如果没吃早餐，你会告诉我吗？遇到困难时，我鼓励你的最好方式是什么？

学期伊始就花时间就这些问题了解学生是很重要的，但我们不能花一整天时间完成这件事之后就在接下来的178天里把它抛诸脑后。回顾一下建立了归属感的力量，归属感是随着时间的流逝并且在意图下产生的。

当然，学生生活的很大一部分是考试分数、等级或者其他得分数据。这些数据应该是谈话内容的一部分，应该被小心谨慎地对待。有些学生很擅长获得漂亮的成绩单，而有的学生显然不擅长这点。我鼓励所有教育工作者把成绩作为谈话的一部分，但不要是谈话中最重要的部分。它需要成为我们帮助所有学生成长的目标的一部分。所有学生不可能都考到某个特定的分数。但我们可以帮助每个学生从一个点提高到下一个点，特别是如果他们知道自己属于这个集体，我们很关心他们，愿意为他们排忧解难。

2. 接受你的新角色。转变为以学习为中心的表现各不相同，在课堂上拥抱创造力，始于我们重新想象自己在学习过程中的角色。我们必须成为促进者和设计师，而不是一系列活动和工作表的制定者。这是个老生常谈，但它仍包含这样一个真理：我们必须从舞台上的“全能神”，转变为舞台边上的指导者。我们如何支持、挑战和鼓励学生，会影响到他们解决问题、反思结果和给出方案的方式。

我认为当今教师最被忽视的重要角色就是充当一个“教练”，激励学生从一个点进步到下一个点。毫无疑问的是，我们也没有就这一点开展大量培训。当学生在项目中创造或展示新发现的东西时，我们是否总有足够的技巧来知道该说些什么以激励学生，给学生留出足够的空间，让他们提出自己的想法，承担或大或小的风险？这需要高超的技巧。长期以来，我们在管理工作上做得还不错，但我们中的一些人还没有锻炼好特定的能力，去支持和鼓励学生，让他们变得坚韧不拔、善于反思并获得成功。这不同于仅仅说“做得不错”“继续努力”；这是一种推动转变的交谈，希望他们回过头来，了解他们哪里可以做得更好，并在受到鼓舞后不断进步。

最后，个人形象的塑造会带来力量。下次有机会时，我们应该转变思维方式，开启一场全新的谈话，不假思索地进行自我介绍。不要说，“我是一名6年级数学教师”。要记住，真正的转变应该是这样的：“我负责规划6年级学习。”或者说：“我帮助6年级学生在数学课上发挥他们真正的潜力。”这是我们影响学习的最终目标。

3. 建立协作的课堂文化。我之前提到，当教师的时候，我花了好几年时间才发现了协作的力量。我清楚地记得，刚开始教书时，我的数学导师说，跟着课本走，跳过一些不重要的章节，直达重点内容。驱动学习的是目录上的章节。

我们应该关注学习环境中的文化和氛围，而不是学习顺序。我们应该关注学生的感受和贡献，然后再关注学习成果，确保学生共同奋斗和成长。

我很幸运能与南希·布劳利和洛莉·拉本共事。前者是一名已经退休的7年级英语语言文学教师，后者是7年级科学教师。我很开心看到他们把课堂完全转变成了以学生为中心的充满创造力、好奇心和协作的活动中心。

一年夏天，布劳利利用当地旧货店里的东西把她的教室改造成了模块化的灵活空间，学生们都很兴奋地进入教室并参与到学习中。那里的气氛总是平静而吸引人。教室里一张面向窗户的摇椅引起了我的注意。她称这张摇椅为教室的“时空园地”。如果有学生感觉心情不好或过度激动，或者只是不想和大家在一起，他们可以主动坐在那张椅子上。但只要布劳利夫人注意到他们坐在那张椅子上，她就会尽可能地对他们表示关怀。他们属于她的教室，并且他们也深知这一点。

洛莉·拉本最让人惊异的一点是，无论发生什么事，她的语调总是坚定、温暖且异常平静。利用这一点，她建立了一个学习环境，让学生知道他们可以提出任何问题，并有权做任何事情来实现他们的目标。

两位女士会用几句话开启新的一天。比如：“你们今天好吗？”“我爱你们。”神奇的是，这几句简单的话竟然有强大的力量。当问及学生两位教师给他们的感觉时，你打心底知道，他们爱这些教师，这些教师也爱他们。

两位中学教师在教室里建立的学习环境，为下一阶段学生要做的工作和任务奠定了基础。这些充满活力的教育者改变了她们对学生如何参与和解决问题的期望。走进她们的教室，会有学生向你打招呼，告诉你他们正在干什么，以及他们的学习目标。你会看到积极、有趣的学习交流。我们正在全校范围内努力提高教学水平，这两位教育工作者做得很好，她们通过改变教室的学习环境进行创新，提高了教学水平。

4. 改变获取信息和评估学习的思维。了解事实对于建立理解和最终落实学习很重要，因此要允许学生以不同的方式获悉这些事实。除了网络搜索和书籍之外，我们还可以鼓励和帮助学生接触外部资源，协助他们开发宝贵的生活技能。在线视频聊天或实地考察可以拉近距离，使学生与这些关系产生真正的联结。访谈是一项关键的软技能。传统教学不能教会学生如何探索和提问，但是我们可以指导他们从良好的联系中去习得。

一旦有了成果，我们就必须衡量我们对标准的了解程度。从传统的多项选择题开始，我们有几个很好的选择。

无论您和您的规划团队如何选择，以下是需要考虑的一些评估学习事项：

- 我们允许反思吗？
- 谁在提供反馈？
- 有没有多种展示学习的方法？
- 是否有机会重做并重新提交？

聚焦协作与讨论，构建新的学习愿景

一旦对学习有了新的共同愿景，每个人都有责任分享和交流这一新愿景对学习环境而言意味着什么。在新的经历中设定新的期望，为了减少冲击，我们必须让每个人都为即将到来的事情做好准备。当听到联系和归属感将是学校教学中的重要组成部分时，人们会耳目一新，但他们也会对这种联系和归属感如何体现、如何与学校工作相联系产生迫切的疑问。各级学校领导必须确保每个人都朝着新的方向前进。当人们都做出改变时，传统的流程和制度也必须改变。

在分享对建立联系的需求时，我们会为之建立模范。人们会看到真挚的联系，它们会为教职员工和学生赋能、培养真正的社区意识，最终建立对学校的信任。建立信任是一个必要的步骤，会让教师们明白在这趟通往新学习的旅途中，他们可以自由地尝试新事情。

将重心转移到学习上来的积极成效：

- 自省；
- 抓住要害；
- 目标设定；
- 坚韧；
- 同情/共情。

这一重大转变需要文化上的变革。如果我们接受将学校文化从孤立学习转变为聚焦协作和讨论来取得进步的学习，那么成人们需要做什么呢？

1. 重新定义学习文化。

2. 创造灵活的学习环境，鼓励社会交往。

3. 重新审视“学校规则”，确保它们能反映合作和前进的需要，而不是为了免责。

我们必须停止试图“建立伟大的学校”，相反，要为学生创造非凡的就学体验。这一事业从我们建立的关系和从中收获的联结开始。

附　录

资料拓展

你可通过访问以下网站更多地了解部分作者：

jeffreyzoul@blogspot.com

www.jessicacabeen.com

saneebell.com

更多地了解“学习是如何发生的”访问地址：

https://www.edutopia.org/how-learning-happens

更多了解“连接教育”组织：www.connectEDD.org

知行学校项目访问地址：https://schoolsthatlearn.com

募集灵活布置教室资金的网站：donorschoose.org

观看为儿童使用技术提供资源和见解的影片：www.screenagersmovie.com

继续阅读书单：

托德·威特克尔.优秀教师一定要知道的17件事[M]. 赵菲菲译. 北京：中国青年出版社，2016.

托德·威特克尔，玛德琳·威特克尔，凯瑟琳·威特克尔.你的第一年：新教师如何生存和发展[M]. 顿小慧，韩小宁，刘白玉译. 北京：中国青年出版社，2018.

托德·威特克尔，玛德琳·威特克尔，凯瑟琳·威特克尔. 一看就会的课堂设计[M]. 刘白玉，孙明玉译. 北京：中国青年出版社，2020.

托德·威特克尔，杰弗里·佐尔，吉米·卡萨斯. "互联网+"时代，如何做一名成长型教师[M]. 杨惕，冯琳译. 北京：中国青年出版社，2016.

Curwin R, Mendler A, Mendler B. Discipline with Dignity: How to Build Responsibility, Relationships, and Respect in Your Classroom [M]. 4th ed. Alexandria, VA: ASCD, 2018.

Daly J, Burchett M, Torpey F. Plants in the Classroom Can Improve Student Performance. [EB/OL]. [2019-06-15].http: //www.wolvertonenvironmental.com/Plants-Classroom.pdf.

Goleman D. What Makes a Great Leader? [G]//Harvard Business Review. Harvard: Harvard Business Review, 2004: 1-11.

Kagan M, Kagan S, Robertson L, et al. Cooperative learning structures for classbuilding [M]. Heatherton, Vic: Hawker Brownlow Education, 2007.

Marzano R J, Pickering D J, Pollock J E. Classroom Instruction That Works: Research-Based Strategies for Increasing Student Achievement[M]. Alexandria, VA: Association for Supervision and Curriculum Development, 2001.

Mendler B. Watch Your Mouth: Non-Negotiables for Success with Your Toughest Kids[M]. Rochester, NY: Teacher Learning Center, 2018.

Merrill S. Flexible Classrooms: Research Is Scarce, But Promising. [EB/OL]. [2019-06-15]. https://www.edutopia.org/article / flexible-classrooms-research-scarce-promising.

Nadler R. What Was I Thinking? Handling the Hijack. [EB/OL]. [2019-07-01]. www.psychologytoday.com/files/attachments/51483/handling-the-hijack.pdf.

Ringer J. We Have to Talk: A Step-By-Step Checklist for Difficult Conversations. [EB/OL]. [2021-07-19]. https://www.mediate.com/articles/ringerJ1.cfm.

Schimmer T. Grading From the Inside Out: Bringing Accuracy to Student Assessment Through a Standards-Based Mind-set[M]. Bloomington, IN: Solution Tree Press, 2018.

Schimmer T, Hillman G, Stalets M. Standards Based Learning in Action: Moving from Theory to Practice[M]. Bloomington, IN: Solution Tree Press, 2018.

Scott-Webber L, Strickland A, Kapitula L. How Classroom Design Affects Engagement. [EB/OL]. [2019-12-20]. https://www.steelcase.com/research/articles/topics/active-learning/how-classroom-design-affects-student-engagement/.

Senge P M, Lucas T, Smith B, et al. Schools That Learn-A Fifth Discipline for Educators, Parents, and Everyone Who Cares About Education. [M/OL]. Ontario: Crown Publishing Group. [2019-05-15]. https://schoolsthatlearn.com/.

Senge P M. Schools That Learn: A Fifth Discipline Fieldbook for Educators, Parents, and Everyone Who Cares About Education[M]. New York: Crown Business, 2012.

Zoul J, Casas J. Stop. Right. Now. The 39 Stops to Making Schools Better [M]. California: Dave Burgess Consulting, Incorporated, 2018.

Zoul J, Mazza J. Education Write Now[M]. New York: Routledge, 2017.

作者简介

托德·威特克尔（Todd Whitaker）很庆幸能够在自己的事业中融入激情。在进入高等教育领域之前，他是密苏里州的一名数学教师和篮球教练。托德已经创作了50多本教育学著作，其中包括著名畅销书《优秀教师一定要知道的17件事》，以及他与凯瑟琳·威特克尔和玛德琳·威特克尔·古德合著的《你的第一年：新教师如何生存和发展》《一看就会的课堂设计》。托德的妻子贝丝也曾任教师和校长。他们都是密苏里大学的教育领导力专业教师和印第安纳州立大学的名誉教授。他们有三个孩子：凯瑟琳、玛德琳和哈里森。

杰弗里·佐尔（Jeffrey Zoul）是一名终身教师、学习者和领导者。在杰弗里卓越的教育生涯中，他曾担任过各种职务，现任美国伊利诺伊州迪尔菲尔德市109学区分管教学的助理督学。进入学校管理部门之前，杰弗里在佐治亚州担任教师和教练多年。杰弗里还教授研究生课程，包括评估、研究和项目评价。他是许多书籍的作者/合著者，包括《"互联网+"时代，如何做一名成长型教师》、《每一位教师都是领导者：重新定义教学领导力》、《一周一次改进你的学校》（*Improving Your School One Week at a Time*）、《领导专业学习：联系和授权教师的工具》（*Leading Professional Learning: Tools to Connect and Empower Teachers*）。杰弗里是"联结教育"的总裁，该组织专门从事教育会议、专业学习和咨询辅导。

吉米·卡萨斯（Jimmy Casas）有22年的中学领导经验。他在爱荷华大学获得西班牙语文学学士学位和教育学硕士学位，在密尔沃基的红衣主教斯特里奇大学获得行政领导硕士学位。吉米在德雷克大学获得了督学认证，在那里担任兼职教授，教授一门关于教育领导力的研究生课程。吉米在爱荷华州贝滕多夫高中担任校长14年。在促使所有学生和教职工都积极的校园文化中，他对教与学展现出十足的热情，加上发展领袖社区的愿景，营造出追求卓越和高标准学习的氛围。在他的领导下，贝滕多夫高中三次被《新闻周刊》和《美国新闻与世界报道》评为全国"最佳高中"之一。吉米的核心追求在于为他人服务。他继续通过在地方、州和国家层面以及全国各地的学区演讲和展示的方式来回馈自己的职业。

萨尼·贝尔（Sanée Bell）是得克萨斯州凯蒂市莫顿庄园初中的校长，自2005年起便担任小学和中学的行政管理人员的职务。2015年，萨尼被

授予凯蒂独立学区（ISD）年度小学校长的称号。在成为一名行政管理人员之前，萨尼执教初中和高中英语，并担任女子篮球队教练。她在休斯顿清湖大学获得了教育领导学博士学位，主要研究课程与教学。萨尼热衷于帮助学生和教师进行真实、有目的的学习，对领导力及其对教师参与、学生学习和学校文化的影响有着强烈的热情。认识到自己作为领导者的影响力，萨尼利用自己的角色启迪、激励他人并为他们赋能。她是面向未来理念伙伴学校项目（Future Ready Thought Schools）的成员。她为多个出版物和播客撰稿，关注领导力及其对学生和教师的影响，是《现在就动笔教育》（*Education Write Now Series*）系列丛书的合著者和特邀编辑。布芮尼·布朗（Brene Brown）所著的《召唤勇气》（*Dare to Lead*）便是依据萨尼的经历。萨尼著有《卓越目标：有效领导的有意策略》（*Be Excellent on Purpose : Intentional Strategies for Impactful leadership*）一书。

加内特·希尔曼（Garnet Hillman）是美国知名的教育顾问和作家。她广泛研究和践行基于标准的学习、评估、课堂打分与区级评测。在转向全职咨询之前，她曾在芝加哥地区担任过3年的教学教练和15年的国际语言指导。加内特曾与全美各地的教育工作者合作，在各种会议上发表演讲，向人们展示向更良性的评分机制转变的可能性。她提供了一种实用的方法，以建立对学习有利的打分和评估机制。在业余时间，加内特和丈夫肖恩一起在足球场边为她的两个儿子朱利安和杰克逊加油打气。她和家人住在芝加哥的西南郊区。

凯拉·多恩菲尔德（Kayla Dornfeld）是2019年北达科他州年度教师，于2017年和2018年两次获得全球创新教育工作者100强荣誉。《纽约时报》提名她为“全美最精通科技的教师之一”。她拥有11年的2、3年级教学经验，在北达科他州大学获得基础教育硕士学位。2018年9月，她获得了北达科他州大学颁发的苏族奖，这是这所大学授予的最高荣誉成就。道格·伯格姆州长认可凯拉对北达科他州教育的贡献，任命她为北达科他州创新教育工作小组主席。她被授予“国际教育技术学会（ISTE）意见领袖”和“哈珀柯林斯出版社意见领袖”的称号。此外，2018年3月，她被PBS评为美国仅有的30位“数字创新者全明星”之一。凯拉经常作为演讲嘉宾和特邀主题演讲人在美国和其他国家巡回演讲。迄今为止，她已经发表了数百次主题演讲，其中一次是在Twitter总部。2015年7月23日，凯拉发表了她的第一次TEDx演讲，题为“重塑课堂：学生领导，教师学习”。她重新设计的教室和灵活的座位布置正在成为世界标准。凯拉目前正在写一本关于课堂学习空间和灵活座位的书，定于2020年发行，题为《灵活教育：灵活学习者的灵活座位》（*FlexED：Flexible Seating for Flexible Learners*）。凯拉合著的畅销书《现在就动笔教育》，于2017年12月出版。

杰西卡·卡宾（Jessica Cabeen）是明尼苏达州奥斯汀市埃利斯中学的校长。在此之前，她担任伍德森幼儿园中心的校长，那里被称为“明尼苏达州东南部最幸福的地方”。她曾任中学校长助理、特教助理主任、特教教师。杰西卡在威斯康星大学奥克莱尔分校获得音乐治疗学士学位。她在圣托马斯大学攻读特殊教育硕士学位。杰西卡拥有哈姆林大学颁发的校长与特殊教育主任行政许可证书。她在明尼苏达州校长学院与明尼苏达州学前教育幼儿园长学院担任辅导员，该学院与明尼苏达州教育部门、明尼苏达州小学校长协会合作。杰西卡在伊利诺伊州和爱荷华州开始音乐治疗师生涯，首先在明尼苏达州圣保罗市的圣保罗公立学校担任音乐治疗师，后来成为该地区的自闭症教师和特殊教育管理局的行政实习生。后来她前往奥斯汀任职特殊教育督导，后在埃利斯中学担任校长助理。她热衷于学习和领导，喜欢挑战自我，与各年龄段的人建立关系，尤其是幼儿园和7、8年级的学生。2016年，杰西卡被全美小学校长协会（NAESP）授予达芬奇教育数字早教领袖奖；2017年，她被评为明尼苏达州国家杰出校长。杰西卡是《极客早教》（*Hacking Early Learning*）一书的作者，也是《像海盗一样平衡》（*Balance Like A Pirate*）一书的合著者。她是一位受欢迎的演讲者和培训师，喜欢与全国各地的教育工作者一起学习与引领。同时，杰西卡深深地爱着她的儿子们。她嫁给了罗布，生下了肯尼和以赛亚。她喜欢与他人联系，发展她的专业学习社区。

布莱恩·门德勒（Brian Mendler）是一位充满活力的教育演讲者和播客博主，为全世界的K-12教育工作者提供教职工发展培训，重点关注改变特困生的生活。门德勒就该主题撰有七本专著，其中包括美国畅销书《那个孩子》（*That One Kid*）。

艾琳·克莱恩（Erin Klein）被公认为当今全球最具影响力与成就最为卓越的教育家之一。《赫芬顿邮报》称克莱恩为“教育技术界最具影响力的声音之一”，学者出版社的《讲师》杂志则称她为“社交媒体哲人”。克莱恩是一位享誉全美、屡获殊荣的教育家、主讲人、畅销书作家，在全球社交媒体上具有影响力。克莱恩与一些世界领先品牌合作，为它们提供咨询与建议的服务，这些公司包括微软、索尼、三星、乔治亚-太平洋公司、史泰博公司、黑板公司（Blackboard）、甲骨文股份有限公司（Oracle）和亚马逊。克莱恩与凯蒂·佩里（Katy Perry）合作，携手史泰博公司与捐赠者选择组织发起“重返校园”活动，提供一份5万美元的教育奖学金。2017年，《纽约时报》记者乘机抵达，在克莱恩的教室里亲自度过了一天，并对这位教育技术领域的领军教育家进行了采访。

德里克·麦考伊（Derek McCoy）目前是格雷迪郡学校的学习和创新主管。他曾是一名职业中学教育工作者，担任中学数学教师、课程支持教师和管理人员。他关注并促进学生的学习和成绩进步，提高教学效率，并创造学习环境，使学生为自己的未来做好准备。2013年，德里克被Twitter的热门话题#NCED与创新学校合作伙伴推选为Twitter上最值得关注的25位教育工作者之一。他被全美中学校长协会评为2014年度数字校长，并受到其他团体的嘉奖，因为他利用社交媒体和技术帮助学习者接触到最佳实践，与专家建立联系，创建有影响力的合作网络，最终帮助所有学校发展。对于教育者来说，围绕学习者的需求在教学方式中进行转变至关重要，只有这样我们才能真正满足当今学习者的需求。这一理念帮助德里克改变了其所在学校的学习与教学文化。德里克是一位积极的实践者，乐于帮助他人成长，改善学习环境。

“常青藤”书系—中青文教师用书总目录

	书名	书号	定价
	特别推荐——从优秀到卓越系列		
★	从优秀教师到卓越教师：极具影响力的日常教学策略	9787515312378	33.80
★	从优秀教学到卓越教学：让学生专注学习的最实用教学指南	9787515324227	39.90
★	从优秀学校到卓越学校：他们的校长在哪些方面做得更好	9787515325637	59.90
★	卓越课堂管理（中国教育新闻网2015年度“影响教师的100本书”）	9787515331362	88.00
	名师新经典/教育名著		
	最难的问题不在考试中：先别教答案，带学生自己找到想问的事	9787515365930	48.00
	在芬兰中小学课堂观摩研修的365日	9787515363608	49.00
★	马文·柯林斯的教育之道：通往卓越教育的路径（《中国教育报》2019年度“教师喜爱的100本书”，中国教育新闻网“影响教师的100本书”。朱永新作序，李希贵力荐）	9787515355122	49.80
★	如何当好一名学校中层：快速提升中层能力、成就优秀学校的31个高效策略	9787515346519	49.00
★	像冠军一样教学：引领学生走向卓越的62个教学诀窍	9787515343488	49.00
	像冠军一样教学2：引领教师掌握62个教学诀窍的实操手册与教学资源	9787515352022	68.00
★	如何成为高效能教师	9787515301747	89.00
★	给教师的101条建议（第三版）(《中国教育报》“最佳图书”奖)	9787515342665	49.00
★	改善学生课堂表现的50个方法（入选《中国教育报》“影响教师的100本书”）	9787500693536	33.00
	改善学生课堂表现的50个方法操作指南：小技巧获得大改变	9787515334783	39.00
	美国中小学世界历史读本 / 世界地理读本 / 艺术史读本	9787515317397等	106.00
	美国语文读本1-6	9787515314624等	252.70
	和优秀教师一起读苏霍姆林斯基	9787500698401	27.00
	快速破解60个日常教学难题	9787515339320	39.90
★	美国最好的中学是怎样的——让孩子成为学习高手的乐园	9787515344713	28.00
	建立以学习共同体为导向的师生关系：让教育的复杂问题变得简单	9787515353449	33.80
	教师成长/专业素养		
	精益教育与可见的学习：如何用更精简的教学实现更好的学习成果	9787515368672	59.00
	教学这件事：感动几代人的教师专业成长指南	9787515367910	49.00
	如何更快地变得更好：新教师90天培训计划	9787515365824	59.90
	让每个孩子都发光：赋能学生成长、促进教师发展的KIPP学校教育模式	9787515366852	59.00
	60秒教师专业发展指南：给教师的239个持续成长建议	9787515366739	59.90
	通过积极的师生关系提升学生成绩：给教师的行动清单	9787515356877	49.00
	卓越教师工具包：帮你顺利度过从教的前5年	9787515361345	49.00
★	可见的学习与深度学习：最大化学生的技能、意志力和兴奋感	9787515361116	45.00
	学生教给我的17件重要的事：带给你爱、勇气、坚持与创意的人生课堂	9787515361208	39.80
★	教师如何持续学习与精进	9787515361109	39.00
	从实习教师到优秀教师	9787515358673	39.90
	像领袖一样教学：改变学生命运，使学生变得更好（中国教育新闻网2015年度“影响教师的100本书”）	9787515355375	49.00
★	你的第一年：新教师如何生存和发展	9787515351599	33.80
	教师精力管理：让教师高效教学，学生自主学习	9787515349169	28.00
	如何使学生成为优秀的思考者和学习者：哈佛大学教育学院课堂思考解决方案	9787515348155	49.90
	反思性教学：一个已被证明能让教师做到更好的培训项目（30周年纪念版）	9787515347837	59.90
★	凭什么让学生服你：极具影响力的日常教育策略（中国教育新闻网2017年度“影响教师的100本书”）	9787515347554	28.00
	运用积极心理学提高学生成绩（中国教育新闻网2017年度“影响教师的100本书”）	9787515345680	59.90
	可见的学习与思维教学：成长型思维教学的54个教学资源：教学资源版	9787515354743	36.00

	书名	书号	定价
★	可见的学习与思维教学：让教学对学生可见，让学习对教师可见（中国教育报2017年度“教师最喜爱的100本书”）	9787515345000	39.90
	教学是一段旅程：成长为卓越教师你一定要知道的事	9787515344478	39.00
	安奈特·布鲁肖写给教师的101首诗	9787515340982	35.00
	万人迷老师养成宝典学习指南	9787515340784	28.00
	中小学教师职业道德培训手册：师德的定义、养成与评估	9787515340777	32.00
	成为顶尖教师的10项修炼（中国教育新闻网2015年度“影响教师的100本书”）	9787515334066	49.90
★	T. E. T. 教师效能训练：一个已被证明能让所有年龄学生做到最好的培训项目（30周年纪念版）（中国教育新闻网2015年度“影响教师的100本书”）	9787515332284	49.00
	教学需要打破常规：全世界最受欢迎的创意教学法（中国教育新闻网2015年度“影响教师的100本书”）	9787515331591	45.00
	给幼儿教师的100个创意：幼儿园班级设计与管理	9787515330310	39.90
	给小学教师的100个创意：发展思维能力	9787515327402	29.00
	给中学教师的100个创意：如何激发学生的天赋和特长 / 杰出的教学 / 快速改善学生课堂表现	9787515330723等	87.90
	以学生为中心的翻转教学11法	9787515328386	29.00
	如何使教师保持职业激情	9787515305868	29.00
★	如何培训高效能教师：来自全美权威教师培训项目的建议	9787515324685	39.90
	良好教学效果的12试金石：每天都需要专注的事情清单	9787515326283	29.90
★	让每个学生主动参与学习的37个技巧	9787515320526	45.00
	给教师的40堂培训课：教师学习与发展的最佳实操手册	9787515352787	39.90
	提高学生学习效率的9种教学方法	9787515310954	27.80
★	优秀教师的课堂艺术：唤醒快乐积极的教学技能手册	9787515342719	26.00
★	万人迷老师养成宝典（第2版）（入选《中国教育报》“2010年影响教师的100本书”）	9787515342702	39.00
	高效能教师的9个习惯	9787500699316	26.00
	课堂教学/课堂管理		
★	像行为管理大师一样管理你的课堂：给教师的课堂行为管理解决方案	9787515368108	59.00
	差异化教学与个性化教学：未来多元课堂的智慧教学解决方案	9787515367095	49.90
	如何设计线上教学细节：快速提升线上课程在线率和课堂学习参与度	9787515365886	49.00
	设计型学习法：教学与学习的重新构想	9787515366982	59.00
	让学习真正在课堂上发生：基于学习状态、高度参与、课堂生态的深度教学	9787515366975	49.00
	让教师变得更好的75个方法：用更少的压力获得更快的成功	9787515365831	49.00
	技术如何改变教学：使用课堂技术创造令人兴奋的学习体验，并让学生对学习记忆深刻	9787515366661	49.00
	课堂上的问题形成技术：老师怎样做，学生才会提出好的问题	9787515366401	45.00
	翻转课堂与项目式学习	9787515365817	45.00
★	优秀教师一定要知道的19件事：回答教师核心素养问题，解读为什么要向优秀者看齐	9787515366630	39.00
	从作业设计开始的30个创意教学法：运用互动反馈循环实现深度学习	9787515366364	59.00
	基于课堂中精准理解的教学设计	9787515365909	49.00
	如何创建培养自主学习者的课堂管理系统	9787515365879	49.00
	如何设计深度学习的课堂：引导学生学习的176个教学工具	9787515366715	49.90
	如何提高课堂创意与参与度：每个教师都可以使用的178个教学工具	9787515365763	49.90
	如何激活学生思维：激励学生学习与思考的187个教学工具	9787515365770	49.90
	男孩不难教：男孩学业、态度、行为问题的新解决方案	9787515364827	49.00
★	高度参与的线上线下融合式教学设计：极具影响力的备课、上课、练习、评价项目教学法	9787515364438	49.00
★	跨学科项目式教学：通过“+1”教学法进行计划、管理和评估	9787515361086	49.00
	课堂上最重要的56件事	9787515360775	35.00
★	全脑教学与游戏教学法	9787515360690	39.00

书名	书号	定价
★ 深度教学：运用苏格拉底式提问法有效开展备课设计和课堂教学	9787515360591	49.90
★ 一看就会的课堂设计：三个步骤快速构建完整的课堂管理体系	9787515360584	39.90
如何有效激发学生学习兴趣	9787515360577	38.00
如何解决课堂上最关键的9个问题	9787515360195	49.00
多元智能教学法：挖掘每一个学生的最大潜能	9787515359885	39.90
★ 探究式教学：让学生学会思考的四个步骤	9787515359496	39.00
课堂提问的技术与艺术	9787515358925	49.00
如何在课堂上实现卓越的教与学	9787515358321	49.00
基于学习风格的差异化教学	9787515358437	39.90
★ 如何在课堂上提问：好问题胜过好答案	9787515358253	39.00
★ 高度参与的课堂：提高学生专注力的沉浸式教学	9787515357522	39.90
让学习变得有趣	9787515357782	39.00
★ 如何利用学校网络进行项目式学习和个性化学习	9787515357591	39.90
基于问题导向的互动式、启发式与探究式课堂教学法	9787515356792	49.00
如何在课堂中使用讨论：引导学生讨论式学习的60种课堂活动	9787515357027	38.00
如何在课堂中使用差异化教学	9787515357010	39.90
★ 如何在课堂中培养成长型思维	9787515356754	39.90
每一位教师都是领导者：重新定义教学领导力	9787515356518	39.90
★ 教室里的1-2-3魔法教学：美国广泛使用的从学前到八年级的有效课堂纪律管理	9787515355986	39.90
如何在课堂中使用布卢姆教育目标分类法	9787515355658	39.00
如何在课堂上使用学习评估	9787515355597	39.00
7天建立行之有效的课堂管理系统：以学生为中心的分层式正面管教	9787515355269	29.90
积极课堂：如何更好地解决课堂纪律与学生的冲突	9787515354590	38.00
设计智慧课堂：培养学生一生受用的学习习惯与思维方式	9787515352770	39.00
追求学习结果的88个经典教学设计：轻松打造学生积极参与的互动课堂	9787515353524	39.00
从备课开始的100个课堂活动设计：创造积极课堂环境和学习乐趣的教师工具包	9787515353432	33.80
老师怎么教，学生才能记得住	9787515353067	48.00
多维互动式课堂管理：50个行之有效的方法助你事半功倍	9787515353395	39.80
智能课堂设计清单：帮助教师建立一套规范程序和做事方法	9787515352985	49.90
提升学生小组合作学习的56个策略：让学生变得专注、自信、会学习	9787515352954	29.90
快速处理学生行为问题的52个方法：让学生变得自律、专注、爱学习	9787515352428	39.00
王牌教学法：罗恩·克拉克学校的创意课堂	9787515352145	39.80
让学生快速融入课堂的88个趣味游戏：让上课变得新颖、紧凑、有成效	9787515351889	39.00
★ 如何调动与激励学生：唤醒每个内在学习者（李希贵校长推荐全校教师研读）	9787515350448	39.80
合作学习技能35课：培养学生的协作能力和未来竞争力	9787515340524	59.00
基于课程标准的STEM教学设计：有趣有料有效的STEM跨学科培养教学方案	9787515349879	68.00
如何设计教学细节：好课堂是设计出来的	9787515349152	39.00
15秒课堂管理法：让上课变得有料、有趣、有秩序	9787515348490	49.00
混合式教学：技术工具辅助教学实操手册	9787515347073	39.80
从备课开始的50个创意教学法	9787515346618	39.00
中学生实现成绩突破的40个引导方法	9787515345192	33.00
给小学教师的100个简单的科学实验创意	9787515342481	39.00
老师如何提问，学生才会思考	9787515341217	49.00
教师如何提高学生小组合作学习效率	9787515340340	39.00
卓越教师的200条教学策略	9787515340401	49.90
中小学生执行力训练手册：教出高效、专注、有自信的学生	9787515335384	49.90

	书名	书号	定价
	从课堂开始的创客教育：培养每一位学生的创造能力	9787515342047	33.00
	提高学生学习专注力的8个方法：打造深度学习课堂	9787515333557	35.00
	改善学生学习态度的58个建议	9787515324067	36.00
★	全脑教学（中国教育新闻网2015年度“影响教师的100本书”）	9787515323169	38.00
★	全脑教学与成长型思维教学：提高学生学习力的92个课堂游戏	9787515349466	39.00
★	哈佛大学教育学院思维训练课：让学生学会思考的20个方法	9787515325101	59.90
	完美结束一堂课的35个好创意	9787515325163	28.00
	如何更好地教学：优秀教师一定要知道的事	9787515324609	49.90
	带着目的教与学	9787515323978	39.90
★	美国中小学生社会技能课程与活动（学前阶段/1-3年级/4-6年级/7-12年级）	9787515322537等	215.70
	彻底走出教学误区：开启轻松智能课堂管理的45个方法	9787515322285	28.00
	破解问题学生的行为密码：如何教好焦虑、逆反、孤僻、暴躁、早熟的学生	9787515322292	36.00
	13个教学难题解决手册	9787515320502	28.00
★	让学生爱上学习的165个课堂游戏	9787515319032	39.00
	美国学生游戏与素质训练手册：培养孩子合作、自尊、沟通、情商的103种教育游戏	9787515325156	49.00
	老师怎么说，学生才会听	9787515312057	39.00
	快乐教学：如何让学生积极与你互动（入选《中国教育报》“影响教师的100本书”）	9787500696087	29.00
★	老师怎么教，学生才会提问	9787515317410	29.00
★	快速改善课堂纪律的75个方法	9787515313665	28.00
★	教学可以很简单：高效能教师轻松教学7法	9787515314457	39.00
★	好老师可以避免的20个课堂错误（入选《中国教育报》“影响教师的100本图书”）	9787500688785	39.90
★	好老师应对课堂挑战的25个方法（《给教师的101条建议》作者新书）	9787500699378	25.00
★	好老师激励后进生的21个课堂技巧	9787515311838	39.80
★	开始和结束一堂课的50个好创意	9787515312071	29.80
	好老师因材施教的12个方法（美国著名教师伊莉莎白“好老师”三部曲）	9787500694847	22.00
★	如何打造高效能课堂	9787500680666	29.00
	合理有据的教师评价：课堂评估衡量学生进步	9787515330815	29.00
	班主任工作/德育		
★	北京四中8班的教育奇迹	9787515321608	36.00
★	师德教育培训手册	9787515326627	29.80
	中小学教师职业道德培训手册：师德的定义、养成与评估	9787515340777	32.00
★	好老师征服后进生的14堂课（美国著名教师伊莉莎白“好老师”三部曲）	9787500693819	39.90
	优秀班主任的50条建议：师德教育感动读本（《中国教育报》专题推荐）	9787515305752	23.00
	学校管理/校长领导力		
	如何构建积极型学校	9787515368818	49.90
	卓越课堂的50个关键问题	9787515366678	39.00
	如何培育卓越教师：给学校管理者的行动清单	9787515357034	39.00
★	学校管理最重要的48件事	9787515361055	39.80
	重新设计学习和教学空间：设计利于活动、游戏、学习、创造的学习环境	9787515360447	49.90
	重新设计一所好学校：简单、合理、多样化地解构和重塑现有学习空间和学校环境	9787515356129	49.00
	让樱花绽放英华	9787515355603	79.00
	学校管理者平衡时间和精力的21个方法	9787515349886	29.90
	校长引导中层和教师思考的50个问题	9787515349176	29.00
	如何定义、评估和改变学校文化	9787515340371	29.80
	优秀校长一定要做的18件事（入选《中国教育报》“2009年影响教师的100本书”）	9787515342733	39.90

书名	书号	定价
学科教学/教科研		
中学古文观止50讲：文言文阅读能力提升之道	9787515366555	59.90
完美英语备课法：用更短时间和更少材料让学生高度参与的100个课堂游戏	9787515366524	49.00
人大附中整本书阅读取胜之道：让阅读与作文双赢	9787515364636	59.90
北京四中语文课：千古文章	9787515360973	59.00
北京四中语文课：亲近经典	9787515360980	59.00
从备课开始的56个英语创意教学：快速从小白老师到名师高手	9787515359878	49.90
美国学生写作技能训练	9787515355979	39.90
《道德经》妙解、导读与分享（诵读版）	9787515351407	49.00
京沪穗江浙名校名师联手教你：如何写好中考作文	9787515356570	49.90
京沪穗江浙名校名师联手授课：如何写好高考作文	9787515356686	49.80
★ 人大附中中考作文取胜之道	9787515345567	39.80
★ 人大附中高考作文取胜之道	9787515320694	49.90
★ 人大附中学生这样学语文：走近经典名著	9787515328959	49.90
四界语文（入选《中国教育报》2017年度“教师喜爱的100本书”）	9787515348483	49.00
让小学一年级孩子爱上阅读的40个方法	9787515307589	39.90
让学生爱上数学的48个游戏	9787515326207	26.00
轻松100 课教会孩子阅读英文	9787515338781	88.00
情商教育/心理咨询		
9节课，教你读懂孩子：妙解亲子教育、青春期教育、隔代教育难题	9787515351056	39.80
★ 学生版盖洛普优势识别器（独一无二的优势测量工具）	9787515350387	169.00
与孩子好好说话（获“美国国家育儿出版物（NAPPA）金奖”）	9787515350370	39.80
中小学心理教师的10项修炼	9787515309347	36.00
★ 别和青春期的孩子较劲（增订版）（入选《中国教育报》“2009年影响教师的100本书”）	9787515343075	39.90
★ 100条让孩子胜出的社交规则	9787515327648	28.00
守护孩子安全一定要知道的17个方法	9787515326405	32.00
幼儿园/学前教育		
中挪学前教育合作式学习：经验・对话・反思	9787515364858	79.00
幼小衔接听读能力课	9787515364643	33.00
用蒙台梭利教育法开启0～6岁男孩潜能	9787515361222	45.00
德国幼儿的自我表达课：不是孩子爱闹情绪，是她/他想说却不会说！	9787515359458	59.00
德国幼儿教育成功的秘密：近距离体验德国学前教育理念与幼儿园日常活动安排	9787515359465	49.80
美国儿童自然拼读启蒙课：至关重要的早期阅读训练系统	9787515351933	49.80
幼儿园30个大主题活动精选：让工作更轻松的整合技巧	9787515339627	39.80
★ 美国幼儿教育活动大百科：3-6岁儿童学习与发展指南用书 科学 / 艺术 / 健康与语言 / 社会	9787515324265等	600.00
蒙台梭利早期教育法：3-6岁儿童发展指南（理论版）	9787515322544	29.80
蒙台梭利儿童教育手册：3-6岁儿童发展指南（实践版）	9787515307664	33.00
★ 自由地学习：华德福的幼儿园教育	9787515328300	49.90
赞美你：奥巴马给女儿的信	9787515303222	19.90
史上最接地气的幼儿书单	9787515329185	39.80
教育主张/教育视野		
重新定义学习：如何设计未来学校与引领未来学习	9787515367484	49.90
教育新思维：帮助孩子达成目标的实战教学法	9787515365848	49.00
学习是如何发生的：教育心理学中的开创性研究及其实践意义	9787515366531	59.90
父母不应该错过的犹太人育儿法	9787515365688	59.00

	书名	书号	定价
	如何在线教学：教师在智能教育新形态下的生存与发展	9787515365855	49.00
	正向养育：黑幼龙的慢养哲学	9787515365671	39.90
	颠覆教育的人：蒙台梭利传	9787515365572	59.90
	如何科学地帮助孩子学习：每个父母都应知道的77项教育知识	9787515368092	59.00
	学习的科学：每位教师都应知道的99项教育研究成果（升级版）	9787515368078	59.90
	学习的科学：每位教师都应知道的77项教育研究成果	9787515364094	59.00
	真实性学习：如何设计体验式、情境式、主动式的学习课堂	9787515363769	49.00
	哈佛前1%的秘密（俞敏洪、成甲、姚梅林、张梅玲推荐）	9787515363349	59.90
	基于七个习惯的自我领导力教育设计：让学校育人更有道，让学生自育更有根	9787515362809	69.00
	终身学习：让学生在未来拥有不可替代的决胜力	9787515360560	49.90
	颠覆性思维：为什么我们的阅读方式很重要	9787515360393	39.90
	如何教学生阅读与思考：每位教师都需要的阅读训练手册	9787515359472	39.00
	成长型教师：如何持续提升教师成长力、影响力与教育力	9787515368689	48.00
	教出阅读力	9787515352800	39.90
	为学生赋能：当学生自己掌控学习时，会发生什么	9787515352848	33.00
	如何用设计思维创意教学：风靡全球的创造力培养方法	9787515352367	39.80
	如何发现孩子：实践蒙台梭利解放天性的趣味游戏	9787515325750	32.00
	如何学习：用更短的时间达到更佳效果和更好成绩	9787515349084	49.00
	教师和家长共同培养卓越学生的10个策略	9787515331355	27.00
★	如何阅读：一个已被证实的低投入高回报的学习方法	9787515346847	39.00
★	芬兰教育全球第一的秘密（钻石版）（《中国教育报》等主流媒体专题推荐）	9787515359922	59.00
	世界最好的教育给父母和教师的45堂必修课（《芬兰教育全球第一的秘密》2）	9787515342696	28.00
★	杰出青少年的7个习惯（精英版）	9787515342672	39.00
	杰出青少年的7个习惯（成长版）	9787515335155	29.00
★	杰出青少年的6个决定（领袖版）（全国优秀出版物奖）	9787515342658	49.90
★	7个习惯教出优秀学生（第2版）（全球畅销书《高效能人士的七个习惯》教师版）	9787515342573	39.90
	学习的科学：如何学习得更好更快（入选中国教育网2016年度“影响教师的100本书”）	9787515341767	39.80
	杰出青少年构建内心世界的5个坐标（中国青少年成长公开课）	9787515314952	59.00
★	跳出教育的盒子（第2版）（美国中小学教学经典畅销书）	9787515344676	35.00
	夏烈教授给高中生的19场讲座	9787515318813	29.90
★	学习之道：美国公认经典学习书	9787515342641	39.00
★	翻转学习：如何更好地实践翻转课堂与慕课教学（中国教育新闻网2015年度“影响教师的100本书”）	9787515334837	32.00
★	翻转课堂与慕课教学：一场正在到来的教育变革	9787515328232	26.00
	翻转课堂与混合式教学：互联网+时代，教育变革的最佳解决方案	9787515349022	29.80
	翻转课堂与深度学习：人工智能时代，以学生为中心的智慧教学	9787515351582	29.80
★	奇迹学校：震撼美国教育界的教学传奇（中国教育新闻网2015年度“影响教师的100本书”）	9787515327044	36.00
★	学校是一段旅程：华德福教师1-8年级教学手记	9787515327945	49.00
★	高效能人士的七个习惯（30周年纪念版）（全球畅销书）	9787515360430	79.00